ASTRID WAGNER

DIE ABGRÜNDE DES JOSEF F.

Impressum

3. Auflage, Juni 2024
ISBN: 9783759750198
Herstellung und Verlag: BoD – Books on Demand, Norderstedt www.bod.de

Bibliografische Information der Deutschen Nationalbibliothek: Die Deutsche Nationalbibliothek verzeichnet diese Publikation in der Deutschen Nationalbibliografie; detaillierte bibliografische Daten sind im Internet über www.dnb.de abrufbar.

Website: www.astridwagner.at
Portrait-Foto Dr. Astrid Wagner: © Marcus Elöd Deak
Umschlaggestaltung: www.markusputz.at
Coverfoto: © Helmut Fohringer/APA
www.picturedesk.com

Illustrationen: Wolfgang Tillich, geb. 21.11.1964
Freischaffender Architekt und künstlerisch tätig in seinem Atelier im Kremstal.

Vorbemerkung

Dieses Buch handelt von einem wahren Verbrechen. Es beleuchtet die Vorgänge im Inneren des Täters. Vorgänge, die lehrreiche Aufschlüsse über die Ursachen menschlicher Fehlentwicklungen bis hin zu den schwersten Straftaten geben könnten. Und Denkanstöße, zu Fragen wie: Wird man als Verbrecher geboren? Welche Rolle spielt die frühe Kindheit? Wie soll man mit psychisch kranken Straftätern umgehen? Kann man sie wirksam therapieren? Ich kann nur erahnen, welches Leid die von Josef F. begangenen Taten ausgelöst haben. Dennoch habe ich die Perspektive der anderen – der Opfer und der Angehörigen – außer Betracht gelassen. Wer sich daran stößt, sollte dieses Buch erst gar nicht lesen. Es ist ein bewusstes Ausklammern, denn es war mir ein Anliegen, diese Menschen und deren Lebensbereiche zu schützen. Aus ebendiesen Gründen habe ich auch auf eine Schilderung der von Josef F. begangenen Taten verzichtet. Sämtliche in diesem Buch dargestellten Ereignisse und Lebensumstände sind fiktionalisiert, soweit mögliche Berührungspunkte zu Opfern oder Angehörigen vorliegen könnten. Die Zeichnungen entstammen der Fantasie des Künstlers Wolfgang Tillich. Sie haben keinen Bezug zu realen Begebenheiten oder Örtlichkeiten.

FSC
www.fsc.org
MIX
Papier aus verantwortungsvollen Quellen
Paper from responsible sources
FSC® C105338

Vorbemerkung zur dritten Auflage

Die Erstveröffentlichung dieses Buches im März 2023 hat viele Emotionen ausgelöst: Wut. Entsetzen. Fassungslosigkeit. Immer wieder wurde die Frage gestellt: Darf es sein, dass einem der größten Verbrecher dieses Jahrhunderts Gehör verschafft wird? Meine Antwort: Ja, es darf sein. Jeder Mensch hat das Recht, gehört zu werden. Und das ist auch gut so. Wer auf der Suche nach den Ursachen von Kriminalität ist, wer menschlichen Abgründen auf die Spur kommen will, wer einen offenen, neugierigen Geist besitzt, der liegt mit diesem Buch richtig. Dank der großen Nachfrage wurde es inzwischen in die englische Sprache übersetzt.

Auf juristischer Ebene ist seitdem viel geschehen: Ich habe durchsetzen können, dass Josef F. im Mai 2024 aus dem Maßnahmenvollzug entlassen wurde. Seitdem befindet er sich im Normalvollzug.

Mein nächstes Ziel ist es, für meinen Klienten die endgültige Entlassung aus dem Strafvollzug zu erreichen. Dieses Buch entspricht auch meinem Anliegen als Strafverteidigerin, den Strafgefangenen Josef F. aus einer anderen Perspektive zu betrachten: Die Verbrechen, die er begangen hat, muten ohne Kenntnis seiner Geschichte vollkommen unbegreiflich an. Wer dieses Buch gelesen hat, wird hingegen zum Schluss kommen: Es gibt Ursachen, warum es so gekommen ist. Sie reichen bis in die frühe Kindheit von Josef F. zurück, haben auch mit seiner Familiengeschichte zu tun. Und Josef F. zeigt tiefe Reue für seine Taten…

Diese nunmehr dritte Auflage ist ergänzt durch die Schilderung der Ereignisse seit der Erstveröffentlichung dieses Buches bis zur Entlassung von Josef F. aus dem Maßnahmenvollzug.

Astrid Wagner im Juni 2024

In meinem Anwaltsbüro im Juli 2022

Der von meiner Sekretärin in meiner üblichen Gerichtspost abgelegte Brief fällt mir gleich auf: Er ist mit einer alten mechanischen Schreibmaschine geschrieben, das Kuvert ist händisch beschriftet. Wohl ein älterer Herr, der etwas zittrigen, dennoch energisch wirkenden Handschrift nach zu schließen. Der sich, wie die Adresse des Absenders verrät, in der größten Männerstrafanstalt Österreichs in Stein an der Donau befindet.

Ein kurzer Blick auf meine Armbanduhr zeigt gleich vierzehn Uhr, der erste Klient wird bald eintreffen. Rasch öffne ich das Kuvert und beginne zu lesen: *„Ich, Josef F., habe ein Manuskript über mein Leben verfasst. Ich möchte es als Buch veröffentlichen. Ich wende mich an Sie mit der Frage bzw. Bitte, ob Sie mich dabei unterstützen könnten. Es geht insbesondere um jene Ereignisse, die zu meiner Verhaftung und Verurteilung geführt haben. Ich habe…“* „Ding Dong“. Die Sprechanlage auf meinem Schreibtisch, ich hebe ab: „Ja bitte?“ Meine Stimme klingt ungehalten, was ich sogleich bedaure. Die Hektik des Anwaltsberufs bringt es mit sich, dass man immer wieder aus begonnenen Tätigkeiten herausgerissen wird, blitzschnell reagieren und ständig flexibel bleiben muss. Längst habe ich mich daran gewöhnt, genauso wie meine Angestellten sich an meine daraus resultierenden, manchmal aufbrausenden Reaktionen gewöhnen mussten: „Der Herr Maier wäre schon da“, erklärt mir Silvia, meine Sekretärin und Kanzleileiterin, ein wenig verschüchtert. „Ich bin gleich soweit“, sage ich ihr und überfliege rasch die restlichen Zeilen des Briefes. Mit einem Schlag wird mir klar, wer mir da geschrieben hat.

Der vor fast fünfzehn Jahren aufgedeckte Kriminalfall hatte das kleine Land Österreich in den Blickpunkt der gesamten Weltöffentlichkeit gerückt. Ein erfolgreicher Unternehmer aus der österreichischen Bezirkshauptstadt Amstetten hatte sich wegen der Verbrechen des Mordes, der vielfachen Vergewaltigung, des Sklavenhandels, der Freiheitsentziehung, der schweren Nötigung und der Blutschande vor einem Schwurgericht verantworten müssen. Unfassbare Verbrechen, die das Gericht veranlassten, die renommierte psychiatrische Sachverständige Dr. Adelheid Kastner mit der Begutachtung des Angeklagten zu beauftragen. Sie attestierte ihm eine „schwerwiegende kombinierte Persönlichkeitsstörung und eine Störung der Sexualpräferenz“. Erlebnisse in seiner Kindheit und die von außerordentlicher Kälte geprägte Beziehung zur Mutter hätten bei ihm zu „emotionaler Invalidität“ geführt. Die Sachverständige sprach gar von einem „emotionalen Analphabeten“, der im Rahmen der Untersuchung Sätze geäußert habe wie: „Für jemanden, der zur Vergewaltigung geboren ist, habe ich lange durchgehalten“ oder „in mir lauert eine böse Ader“. Trotz dieser „geistig-seelischen Abartigkeit höheren Grades“, wie solche schweren Persönlichkeitsstörungen vom Gesetzgeber bezeichnet werden, sei er jedoch voll schuldfähig. Der Angeklagte selbst bekannte sich umfassend schuldig: „Ich bereue aus ganzem Herzen, was ich meiner Familie angetan habe. Aber ich kann es leider nicht mehr gutmachen.“ Der von den Geschworenen gefällte Schuldspruch fiel einstimmig aus, die Strafe lautete „lebenslang". Zudem wurde eine Einweisung in eine Anstalt für geistig abnorme Rechtsbrecher ausgesprochen. „Ich nehme das Urteil an", erklärte der Angeklagte nach der Urteilsverkündung mit fester Stimme. Nicht einmal die Rechtsbelehrung der vorsitzenden Richterin wollte er sich noch anhören.

Es war ein Verbrechen, das ob seiner Einzigartigkeit nicht nur die Justiz beschäftigt hatte. Reporterteams aus aller Herren Länder waren angereist, um die kleine Bezirkshauptstadt und das Gericht mit ihren Antennenschüsseln zu belagern. Ein bekannter französischer Schriftsteller widmete den ungeheuerlichen Geschehnissen ein literarisches Werk[1], die österreichische Punk-Rock-Szene ließ sich zu einem Musik-Album inspirieren[2]. Bis heute kursieren in Internet unzählige Dokumentationen und Filme, darunter sogar eine offenbar illegal in Gefängnis angefertigte Tonbandaufnahme. Vor wenigen Jahren hat er seinen Nachnamen ändern lassen. Sein alter Name soll ihm, so die offizielle Begründung, im Fall einer Entlassung nicht im Weg stehen. In dieser Publikation verwende ich den Anfangsbuchstaben seines alten Namens, der mit seiner Geschichte untrennbar verbunden ist.

Ist Josef F. wirklich ein „emotionaler Analphabet"? Ich möchte mir selbst einen Eindruck von ihm verschaffen.

---

[1] *Régis Jauffret: „Claustria", Paris 2012*

[2] *„Land der Keller", 2019*

Justizanstalt Stein, Verhörzone, im Juli 2022

Rund eine Woche nach Erhalt des Briefes betrete ich die Verhörzone der Justizanstalt. „Er sitzt im Raum 3", erklärt mir der Beamte freundlich.

Die winzigen, für Anwälte und Amtspersonen vorgesehenen Besprechungszimmer sind nur durch dünne Resopal-Wände voneinander getrennt. Die Ausstattung ist karg. Orangefarbene Tischplatten und hellgraue Wände, auf denen ein riesiges, rot umrandetes Schild prangt. Es zeigt eine Kamera und warnt: „Dieser Raum wird videoüberwacht".

„Grüß Gott, ich bin Frau Doktor Wagner", stelle ich mich vor. Josef F. ist inzwischen siebenundachtzig Jahre alt, er wirkt natürlich älter als auf den Zeitungsfotos. Doch seine blaugrauen Augen funkeln bei meinem Anblick, dabei lächelt er freundlich und reicht mir die Hand. Ich spüre Energie. Willensstärke. Entschlossenheit. Keine Spur von Demenz, wie es die Medien in den letzten Jahren immer wieder gerüchteweise verbreitet hatten. Nein, dieser Mann hier ist längst noch kein hilfloser Greis.

Und er schmeichelt mir sogleich: „Ich habe immer wieder an Sie gedacht. Ich habe Ihr Buch über den Jack Unterweger gelesen. Es hat mich beeindruckt, wie Sie zu ihm gestanden sind. Deshalb wollte ich Sie kennenlernen. Endlich habe ich mir einen Ruck gegeben und Sie angeschrieben." Ich muss unwillkürlich lächeln. Die Unterhaltung gestaltet sich zwanglos, fast angenehm. Das mag in Anbetracht seiner Verbrechen seltsam anmuten. Doch ist mir der Beruf der Strafverteidigerin schon viel zu sehr in Fleisch und Blut übergegangen. Ich habe immer versucht, dem sogenannten Bösen auf die Spur zu kommen, in Abgründe zu blicken, die Ursachen von Kriminalität zu erforschen. Wenn man das Böse und seine Ursachen aufspüren will, dann muss man seinem Gegenüber auf Augenhöhe begegnen. Es nicht verurteilen und verdammen, sondern hineinhören…

Schon bei dieser ersten Begegnung erfahre ich ein Detail aus der Kindheit dieses Menschen, das mich nachdenklich stimmt. Wobei er sich darüber nicht beklagt, oder gar Mitleid schinden will. Nein, er erzählt es ganz trocken, als ob er immer noch auf der Suche nach seinen eigenen Abgründen sei. Seine Mutter habe ihn als Kleinkind stets an einen Tisch angebunden, wenn sie arbeiten war. So habe er Stunden in einsamer Gefangenschaft verbracht. Der Teller mit dem Essen sei wie ein Futternapf für einen Hund vor ihm gelegen. Damit der Bub nichts anstelle… Nein, er habe überhaupt keinen Hass auf seine Mutter. Es sei eben eine schwierige Zeit gewesen, Krieg und Armut hätten sie geprägt.

In meinem Anwaltsbüro im Juli 2022

Eine Woche danach. Ich habe bis in den späten Nachmittag bei Gericht verhandelt, jetzt muss ich noch die Post erledigen und die Akten für morgen vorbereiten. Ein dickes, mit mehreren Briefmarken und dem Vermerk „Persönlich" versehenes Kuvert aus braunem Packpapier liegt auf meinem Schreibtisch. Ungeduldig reiße ich es auf, ein Pack aus dünnen, engzeilig bedruckten Papierblättern purzelt heraus. Das Manuskript. Es ist ganz schön umfangreich, ganze zweihundertsechsundzwanzig Seiten. Während ich neugierig darin blättere, beschließe ich, sie meiner Sekretärin Silvia zum Abtippen zu geben, bevor ich mit dem Redigieren beginne. Ein mühsames Unterfangen, aber unvermeidbar. Josef F. besitzt zwar einen kleinen PC, doch die Herausgabe eines elektronischen Datenträgers aus dem Gefängnis ist streng verboten.

Silvia ist begeistert von meinem neuen Projekt und macht sich sogleich an die Arbeit. Sie ist noch jung und idealistisch und wollte immer schon in einer auf Strafrecht spezialisierten Kanzlei arbeiten. Dabei bringt diese Tätigkeit viele Herausforderungen mit sich. Man muss schwierige Klienten aushalten, eine dicke Haut entwickeln und trotzdem versuchen, den Glauben an das Gute im Menschen nicht zu verlieren.

Silvia ist meine erste Kritikerin. Das Abtippen zieht sich ein paar Wochen hin, und sie schickt mir immer wieder ihre

Eindrücke per WhatsApp: „Seite für Seite glaube ich immer tiefer in das Innere dieses Menschen einzudringen. Für mich ist es sehr interessant, seine Sicht der Dinge zu erfahren. Auch wenn ich vieles nicht nachvollziehen kann, manches mir die Haare zu Berge stehen lässt. Hat er überhaupt verstanden, was er mit seinen Taten angerichtet hat? Es muss jedenfalls tiefe seelische Verletzungen gegeben haben, dass dieser Mensch sich so entwickelt hat."

„Tiefe seelische Verletzungen." Silvia hat in den zwei Jahren, in denen sie bei mir arbeitet, offenbar schon allerlei gelernt. Kein Mensch wird als Verbrecher geboren. Es gibt immer eine Geschichte hinter einem Verbrechen.

Und genau dieser Geschichte möchte ich auch im Fall des Josef F. nachgehen. Ich werde ihm in den folgenden Monaten mehrfach Besuche im Gefängnis abstatten, um Einblicke in sein Seelenleben zu gewinnen. Seinem Wunsch, das Manuskript zu veröffentlichen, konnte ich aber nur bruchstückhaft entsprechen. Über den Hergang der von ihm begangenen Verbrechen darf aus medienrechtlichen Gründen nicht berichtet werden, da die Privatsphären beteiligter Personen berührt werden könnten. Sei's drum, die von Josef F. begangenen Taten wurden in den Medien zur Genüge breitgetreten. Das, was mich interessiert, ist etwas ganz Anderes: Es ist das, was in seinem Kopf vorgeht. Wie er tickt. Was ihn zu seinen Taten getrieben, wie er sie verarbeitet hat.

STEIN

***

Das Redigieren des Original-Manuskripts gestaltete sich aufwändig, zumal dann, wenn es um das dem strengen Medienrecht geschuldeten Zensurieren ging. Jegliche Schilderungen, die Lebensbereiche der Opfer oder Angehöriger berühren könnten, mussten aus rechtlichen Gründen ausgeklammert werden. Letztendlich hat das nunmehr vorliegende Werk durch diese strenge Reduktion auf sein Kernthema an Ausdruckskraft gewonnen. Von den ursprünglichen, zweihundertsechsundzwanzig engzeilig geschriebenen Seiten des Josef F. sind von entbehrlichem Beiwerk befreite, fragmentarische Schilderungen geblieben. Trocken im Stil, bieder im Ausdruck, jedoch ungeheuerlich in Anbetracht der Realität der Geschehnisse, in denen sie eingebettet sind. Damit werden sie zu einer Parabel dessen, was ihren Autor ausmacht. Einen nach außen hin trockenen, gesellschaftlich angepassten Menschen, der innerlich jedoch offenbar von unfassbaren Zwängen, um nicht zu sagen Dämonen getrieben, ja gepeinigt war. Ich habe mich auf die Suche nach den Abgründen in diesem Menschen begeben. Über viele Monate hindurch habe ich lange Gespräche mit ihm geführt, die ich in dem vorliegenden Werk mit dessen Einverständnis wiedergegeben habe. Die Stimmungen und Lebenslagen, in denen ich Josef F. erlebt habe, waren vielfältig. Er wirkte nachdenklich, traurig, besorgt, dann wieder schelmisch und witzig. Einer Wertung habe ich mich weitgehend entzogen. Ich möchte es vielmehr der Leserschaft überlassen, sich Fragen zu stellen: Wie konnte der erfolgreiche Geschäftsmann Josef F. über Jahrzehnte ein Doppelleben führen?

Haben alle, inklusive den Behörden, weggeschaut? Ist Josef F. ein emotionaler Analphabet? Wie viel von ihm steckt in uns selbst? Haben wir nicht alle unsere dunkle Seite, unsere persönlichen Abgründe, unseren ganz persönlichen Keller, in dem wir unsere verbotenen Sehnsüchte und Begierden vor der Außenwelt verbergen?

„Geistig abnorm“: Der Maßnahmenvollzug

Bei all dem, was Sie hier lesen werden, sollten Sie sich stets eines vor Augen halten: Es handelt sich um die subjektive Wahrnehmung eines Menschen, der wegen seiner Taten von einem Gericht rechtskräftig als sogenannter „geistig abnormer Rechtsbrecher“ eingestuft wurde.

Doch was bedeutet dieses „geistig abnorm“ im österreichischen Strafrecht? Die gesetzliche Grundlage findet sich im § 21 des Strafgesetzbuches. Josef F. wurde vom Gericht in eine „Anstalt für geistig abnorme Rechtsbrecher“ eingewiesen. Es handelte sich hierbei freilich um keine Strafe, sondern eine sogenannte Maßnahme: Diese ist vom Gericht zusätzlich zur Strafe dann anzuordnen, wenn unter dem Einfluss einer – so die damalige Definition – „geistigen oder seelischen Abartigkeit von höherem Grad“ eine schwerwiegende Straftat begangen wurde und ein psychiatrisches Prognosegutachten die Gefährlichkeit des Verurteilten bejaht hat. Unter solche „Abartigkeiten“ fallen schwerwiegende psychische Erkrankungen, wie etwa Wahnstörungen oder schwere Persönlichkeitsstörungen. Ist die psychische Erkrankung so schwerwiegend, dass der Betreffende für seine Taten strafgerichtlich nicht zur Verantwortung gezogen werden kann, erfolgt die Unterbringung in die Anstalt ohne Ausspruch einer Strafe.

Anders verhielt es sich bei Josef F. Die vom Gericht beigezogene psychiatrische Sachverständige Dr. Adelheid Kastner hatte bei ihm eine schwerwiegende, kombinierte Persönlichkeitsstörung diagnostiziert, wobei aber die sogenannte „Steuerungsfähigkeit" immer noch erhalten geblieben sei. Somit wurde Josef F. als zurechnungsfähig eingestuft und für seine Taten zur Verantwortung gezogen. Zusätzlich zur lebenslangen Strafe hat das Gericht ihn in eine Anstalt für geistig abnorme Rechtsbrecher eingewiesen.

Der sogenannte Maßnahmenvollzug war einst vom großen Justizreformer Christian Broda[3] als Chance und Therapie für psychisch kranke Straftäter entworfen worden. Im Laufe der Jahrzehnte verkam er jedoch zur Verwahrungsanstalt für jene, die man in der Gesellschaft nicht mehr haben wollte. In der Praxis sind psychisch kranke Straftäter nach wie vor großteils in herkömmlichen Justizanstalten untergebracht, da die derzeit bestehenden forensischen Sonderanstalten in Göllersdorf sowie in Asten (erst 2010 als forensischen Justizanstalt eröffnet) längst nicht über ausreichende Kapazitäten verfügen. Auch Josef F. wurde nach seiner Verurteilung in die Justizanstalt Stein eingeliefert, freilich in der für sogenannte „Maßnahmenhäftlinge" vorgesehen Abteilung. Jeder neue Justizminister versprach bei Amtsantritt eine große Reformierung des Maßnahmenvollzugs, Expertenausschüsse wurden eingesetzt, doch bevor Konkretes umgesetzt wurde war seine Amtszeit als Folge politischer Querelen auch schon wieder zu Ende.

---

[3] *österreichischer Justizminister von 1960 bis 1966 und 1970 bis 1983*

Die Zahl der Untergebrachten stieg indes von Jahr zu Jahr stetig an. Im Dezember 2022 hat die Justizministerin schließlich jenen Reformvorschlag umgesetzt, der schon jahrelang in der Schublade lag. Das hehre Ziel: Der Maßnahmenvollzug soll wieder seinem eigentlichen Zweck „Therapie statt Strafe" angenähert werden. Ob das gelingen wird, darf bezweifelt werden, zumal vor allem das wichtige Thema der einheitlichen Standardisierung der psychiatrischen Gutachten ausgespart wurde. Stattdessen hat man die Einweisungsvoraussetzungen etwas verschärft, indem die der Unterbringung zugrundeliegende Straftat nunmehr mit einer Freiheitsstrafe von mehr als drei Jahren bedroht sein muss – außer ein psychiatrisches Prognosegutachten kommt zum Schluss, dass der Betroffene künftig schwerwiegende Taten gegen Leib und Leben oder Sexualdelikte begehen könnten. Damit legt die Justiz die Verantwortung in die Hände der psychiatrischen Gutachter, für die allerdings immer noch einheitliche Standards fehlen. Eine Reform also, die vor allem auf Kosten der Rechtssicherheit gehen dürfte. Dafür brachte sie kosmetisch anmutende Änderungen bei den Begrifflichkeiten: Der Begriff der „geistigen oder seelischen Abartigkeit von höherem Grad" wurde durch die möglicherweise als weniger stigmatisierend empfundene Formulierung „schwerwiegende und nachhaltige psychische Störung" ersetzt. Statt „Unterbringung in einer Anstalt für geistig abnorme Rechtsbrecher" heißt es jetzt „Unterbringung in einem forensisch-therapeutischem Zentrum". Solche Zentren, auch das wurde angekündigt, sollen künftig vermehrt errichtet und ausgebaut werden.

Die Reform wird dem Elend des Maßnahmenvollzugs wohl kaum ein Ende setzen. Nicht zuletzt deshalb, weil es an Ressourcen für eine adäquate Behandlung mangelt. Vieles scheint am Geld zu scheitern, manchmal wohl auch am fehlenden Willen. Psychisch kranke Straftäter sind ein Randthema, mit dem man keine Wählerstimmen gewinnt.

In meinem Anwaltsbüro im Juli 2022

Es ist spät geworden, der letzte Klient hat soeben die Kanzlei verlassen. Ich hole das abgetippte Manuskript aus der Schreibtischlade, drücke mir einen kleinen Espresso aus der Kaffeemaschine und nehme in meinem großen Ohrensessel Platz. Ein mit großen Pop-Art-Motiven überzogenes Lieblingsstück im Stil der sechziger Jahre, das ich in einer Behindertenwerkstatt erworben habe. Der große, mit bunten Fransen versehene Schirm der antiken Stehlampe erzeugt ein angenehm warmes Licht. Ich beginne zu lesen.

Josef F.: Eine Klarstellung vorweg

Ich, Josef F., wurde vor fast fünfzehn Jahren von einem österreichischen Schwurgericht wegen Mordes, Vergewaltigung, Freiheitsentziehung, schwerer Nötigung und Blutschande zu einer lebenslangen Haftstrafe verurteilt. Ich hatte mich schuldig bekannt und dieses Urteil sofort angenommen.

In den langen Jahren der Haft habe ich meine Lebensgeschichte verfasst. Die Beschreibungen sexueller Abenteuer entspringen meiner Fantasie. Sie sind zwar inspiriert durch wahre Ereignisse, jedoch dermaßen verfremdet, dass Ähnlichkeiten mit lebenden oder schon verstorbenen Personen rein zufällig und keinesfalls beabsichtigt sind. Es sind vielmehr Träume und Gedankenreisen, die meinen Haftalltag erträglich machen.

***

Rückblickend mache ich mir Vorwürfe, dass es soweit kommen hatte müssen. Ich war seit Jahrzehnten erfolgreich als Generalvertreter eines dänischen Betonrohrbau-Unternehmens tätig. Mein Gebiet umfasste ganz Österreich, wo ich rund achtzig Firmen betreuen musste und dementsprechend viel unterwegs war. Während der Sommersaison betrieb ich außerdem ein großes Hotel mitsamt Gastwirtschaft und angeschlossenem Campingplatz am Mondsee. Bei all diesen Verpflichtungen und Aufgaben blieb nur wenig Zeit für die Familie. Viel zu wenig Zeit! Ich bekam zusehends das Gefühl, dass mir etwas zu entgleiten drohte.

Plötzlich war er da. Der Gedanke. Wie aus dem Nichts, gleich einem Impuls, der in meinem Kopf aufblitzte. Der ziellos darin umherirrte. Wie ein kleines, verlorenes Blatt, das über den Asphalt der Straße wirbelt, bevor es vom Wind davongetragen wird. Eine vage Idee, mit der ich spielte. Ja, anfangs war es nur ein Gedankenspiel. Doch ich gewöhnte mich daran. Der Gedanke, der mir zuvor so absurd, so ungeheuerlich erschienen war, bekam Konturen. Verdichtete sich zu einer fixen Vorstellung, die sich allmählich in meinem Kopf festsetzte. Ich war immer ein Mensch gewesen, der seine Entscheidungen einsam trifft. Eines Tages wusste ich, was ich tun musste. Mein Entschluss war gefallen. Es galt nur noch, die passende Gelegenheit abzuwarten.

An jenem verregneten Samstagvormittag war es soweit. Der Gedanke war zur Tat geworden.

Am nächsten Morgen erstattete ich bei der örtlichen Gendarmerie die Vermisstenanzeige. Der Beamte protokollierte alles sorgsam und erklärte: „Sie ist über achtzehn und kann tun und lassen, was sie will."

***

Wie es in mir drinnen aussah, durfte niemand wissen. Es war nicht leicht. Denn die Gedanken an das, was ich getan hatte, kreisten unentwegt in mir. Ich stand ständig unter Strom. Es gab niemanden, dem ich mich anvertrauen konnte. Ich musste nach vorne schauen und den von mir eingeschlagenen Weg weitergehen.

In meinem Anwaltsbüro im Juli 2022

„Eine einsame Entscheidung." Ich lege die Blätter zur Seite. Ich bin innerlich ein wenig aufgewühlt, das Gelesene muss sich erst einmal in meinem Gehirn setzen. Ich lege eine weitere Kapsel in die Kaffeemaschine, drücke auf den Knopf, bis sich die kleine Tasse mit dem aromatisch duftenden, heißen Getränk gefüllt hat, nehme einen kräftigen Schluck. Während ich im zurückgebliebenen, cremigen Schaum rühre, gehen mir allerlei Gedanken durch den Kopf. Was geht in einem Menschen vor, der sein Verbrechen dermaßen… ja, schönredet! Was hatte er mir doch gleich bei meinem ersten Besuch gesagt: Nein, es sei nicht rechtens, was er getan habe. Deshalb habe er das Urteil sofort angenommen. Doch seine Zeilen lesen sich ganz anders. Ich kenne das aus vielen Strafprozessen: Das Geschehene wird ausgeblendet. Verdrängt, bis hin zur Verleugnung. Doch Josef F. scheint zumindest zu ahnen, wie es um ihn steht: „Ich bin ein zerrissener Mensch, mit Leidenschaften, die ich nicht beherrschen kann", hat er damals der psychiatrischen Sachverständigen Dr. Kastner bei der Untersuchung gesagt.

Justizanstalt Stein, Besucherraum, im August 2022

Es hat mir nie etwas ausgemacht, ein wenig Wartezeit im Besucherraum der Justizanstalt Stein zu verbringen, denn er ist ansprechend gestaltet. An den Wänden finden sich Bilder und handbemalte Uhren, in einer Ecke Basteleien und Töpferarbeiten. Die Kunstwerke wurden von Insassen im Rahmen der Ergotherapie hergestellt. Besonders ansprechend ist ein großer Webstuhl, dessen rot-weiß-rot bemalter Rahmen mit unterschiedlich dicken Schnüren in kräftigen Farben verwoben ist. Er wurde von dem zu lebenslanger Haft verurteilten Künstler Johann Peter Preiss gestaltet und soll den Fluss des Lebens zeigen: Die Farben stehen für die unterschiedlichen Lebensabschnitte, die verdickten Knoten für Schicksalsschläge oder unerwartete Wendungen, dazwischen finden sich Pflastersteine, die mit Drähten an den Schnüren befestigt sind. Sie symbolisieren die Zeiten der Haft in der Justizanstalt Stein.

Seit der Corona-Pandemie ist eine vorherige telefonische Anmeldung der Besuche vorgesehen, wodurch es kaum noch zu Wartezeiten kommt. Eigentlich schade, denn die kurzen Momente der Kontemplation bei Betrachtung der kleinen Kunstwerke haben gut getan. Wenn ich in die Verhörzone gerufen werde, wartet Josef F. in der Regel schon auf mich. Er hat es dorthin nicht allzu weit von seiner Einzelzelle, in der er seit vielen Jahren untergebracht ist. Die Einzelhaft ist bei zu langjährigen Haftstrafen Verurteilten nicht ungewöhnlich. Anders verhält es sich bei der Untersuchungshaft: Diese verbringt man in aller Regel nicht in einer Strafvollzugsanstalt, sondern in einem der landesgerichtlichen Gefangenenhäuser, und diese sind zumeist heillos überfüllt. In der Justizanstalt Wien-Josefstadt zum Beispiel sind die für zwei Mann vorgesehenen Hafträume zumeist mit vier oder noch mehr Insassen belegt. Nachdem das Urteil rechtskräftig geworden ist, wird die Untersuchungshaft unter voller Anrechnung der bisherigen Haftzeiten in die Strafhaft umgewandelt. Es dauert dann noch ein paar Wochen, manchmal sogar Monate bis zur sogenannten Klassifizierung: Das Bundesministerium für Justiz entscheidet unter Bedachtnahme auf die Art der verhängten Strafe und die Persönlichkeit des Verurteilten, in welcher Strafvollzugsanstalt die Strafe zu verbüßen ist. Selbstverständlich wird, dem Gedanken der Resozialisierung Rechnung tragend, dabei auch auf die soziale und familiäre Situation des Insassen Bedacht genommen. Der Wohnort der Angehörigen wird berücksichtigt, um den Besuchsmöglichkeiten so gut wie möglich entgegen zu kommen. Unbescholtene Verurteilte kommen in den sogenannten Erstvollzug, was mit gewissen Erleichterungen einhergeht, etwa dem Wohngruppenvollzug. Dabei bleiben die Zellentüren in einem Wohnbereich mit eigener Küche, Sanitärräumen und Waschmaschine tagsüber offen. Gegen einundzwanzig Uhr erfolgt der Einschluss bis sieben Uhr früh.

Auch wenn die sozialromantischen Vorstellungen eines

Christian Broda[4] von einer „gefängnislosen Gesellschaft" längst der Vergangenheit angehören, in den Gefängnissen inzwischen ein restriktiverer Zeitgeist Einzug gehalten hat und viele Ideen und Projekte schlichtweg am Geldmangel scheitern, so gilt doch: Die Aufrechterhaltung der positiven sozialen und familiären Kontakte ist von entscheidender Bedeutung, um der Rückfallgefahr vorzubeugen. Anfangs erhält der Insasse nur „Scheibenbesuch" – eine dicke Glasscheibe trennt ihn von den Besuchern, die Verständigung erfolgt über ein Telefon.

Bei guter Führung wird alsbald ein Tischbesuch bewilligt, bei dem er mit seinen Besuchern, freilich bewacht durch Justizwachebeamte, an einem Tisch sitzen darf. Wenn keine Sicherheitsbedenken bestehen, hat der Insasse schließlich ein Anrecht auf einen Langzeitbesuch, im Volksmund auch „Kuschelzelle" genannt. Es handelt sich um eigens dafür eingerichtete Kleinwohnungen im Bereich des Gefängnisses, in denen der Insasse ein paar Stunden ungestört und ohne Überwachung mit nahestehenden Personen verbringen darf.

---

[4] *österreichischer Justizminister von 1960 bis 1966 und 1970 bis 1983. In seiner Amtszeit wurde das österreichische Strafrecht grundlegend reformiert.*

Da er strafrechtlich als unbescholten galt, wurde Josef F. als Ersttäter eingestuft. Bei ihm kam allerdings die Besonderheit des Maßnahmenvollzugs hinzu. Insassen, über die zusätzlich zur Strafe wegen ihrer geistig-seelischen Abartigkeit die Maßnahme verhängt wurde, sind in den Strafvollzugsanstalten in eigenen Abteilungen untergebracht. Auch der Haftalltag gestaltet sich insofern anders, als sie ihre Tat im Rahmen von Therapien psychiatrisch und psychotherapeutisch aufarbeiten sollen. Ansonsten sind sie aber „ganz normale“ Insassen, die im Gefängnis auch arbeiten müssen. Die Justizanstalt Stein verfügt über eigene Werkstätten und Betriebe. Hervorzuheben ist die Druckerei, welche die gesamte österreichische Justiz mit Drucksorten versorgt. Arbeiten zu können ist für Strafgefangene von fundamentaler Bedeutung. Es verleiht dem Tag Struktur und Sinn. Der Verdienst ist minimal, doch er reicht aus, um bescheidene Bedürfnisse befriedigen zu können, wie Zusatzeinkäufe fürs Essen, Schreibwaren oder Rauchen, Telefonate mit Angehörigen oder Anwälten. Die Telefongebühren sind leider höher als im freien Wettbewerb. Entgegen landläufiger Meinung müssen auch Gefängnisinsassen Stromrechnungen bezahlen: Pro Gerät fällt eine Gebühr an, wobei zum Beispiel in der Justizanstalt Stein eine Obergrenze von derzeit fünfunddreißig Euro pro Zelle gilt.

***

Josef F. wirkt heute ein wenig müde. Seine grauen Augen blicken mich stumpf an, trotzdem versucht er sich in einem höflichen Lächeln. Spontan beschließe ich, ihn mit einer Frage aufzumuntern, auf die er vermutlich gerne antworten wird: „Worauf sind Sie stolz in Ihrem Leben?" In der Tat überlegt er nicht lange: „Auf meine beruflichen Leistungen und Erfolge. Ich bin immer einer gewesen, der angepackt hat. Zum Beispiel in Ghana. Das Unternehmen, für das ich gearbeitet habe, hat als Subfirma eines großen Elektrokonzerns Kurzwellen-Sendeanlagen errichtet und dringend Techniker gesucht. Aber alle hatten Schiss, weil damals dort diese furchtbare Krankheit gewütet hat, wie hieß die noch... Ja, Ebola! Ich hingegen, ich war jung, dumm und vor allem neugierig auf die Welt. Der Vertrag war auf ein Jahr befristet, wurde dann aber automatisch verlängert. Meine Familie ist nicht mitgekommen, das wäre mir damals für sie zu gefährlich erschienen. In Ghana habe ich dann diese tolle Frau kennengelernt. Eine Künstlerin aus bester Familie. Und sehr einfühlsam. Sie hat mir ihr schönes Land gezeigt. Ich habe Gegenden gesehen, in die man als Tourist gar nicht hinkommt. Sie war fünfzehn Jahre älter als ich, und ist leider schon verstorben. Mit ihr habe ich ja einen Sohn, aus dem etwas geworden ist. Ein hochanständiger Mensch, studierter Jurist, beruflich erfolgreich! Ich denke, wenn der in Österreich wäre, der wäre fix für mich da."

In meinem Anwaltsbüro im August 2022

Der Mensch Josef F. nimmt mich immer mehr in Beschlag, inzwischen bin ich fast schon ein bisschen besessen von seiner Geschichte. Längst habe ich seinen Lebenslauf recherchiert. Er hat, trotz schwieriger Startbedingungen, eine beachtliche berufliche Karriere hingelegt. Mit fünfzehn, nach der Hauptschule, fuhr er, ohne seine Mutter zu informieren, nach Linz und suchte sich eine Lehrstelle als Elektromechaniker. Dann wandte er sich an die Fürsorge, die ihn in einem kirchlich geführten Heim unterbrachte. „Ich kann mir bis jetzt nicht erklären, wie ich den Mut zu dieser Aktion gefunden hatte", sollte er Jahrzehnte später gegenüber der psychiatrischen Sachverständigen äußern. Er absolvierte Lehre und Gesellenprüfung mit Bravour und arbeitete dann als Elektriker bei einem verstaatlichten Stahlkonzern in Linz. Und bildete sich fort: Abends besuchte er die Werkmeisterschule und einen Vorbereitungskurs für die Höheren Technischen Lehranstalten. Zwischendurch verdiente er gutes Geld auf Montage in Luxemburg und Ghana, wo er eineinhalb Jahre verbrachte. Im Alter von 34 Jahren wurde er Betriebsleiter einer Betonfirma in seinem Heimatort. Dort kündigte er nach zwei Jahren, um die österreichische Generalvertretung eines großen dänischen Betonrohrbau-Unternehmens zu übernehmen. Im Jahre 1973 pachtete er außerdem einen Hotelbetrieb mit angeschlossenem Campingplatz am Mondsee, den er auf dreihundert Sitzplätze erweiterte und dreiundzwanzig Jahre führte. Auch als Vermieter war er erfolgreich, er erwarb mehrere Immobilien in Oberösterreich.

Die Tätigkeit als Generalvertreter übte er bis zu seiner Pensionierung mit sechzig Jahren aus.

Das war also sein offizielles Leben: Der erfolgreiche, smarte, ein wenig biedere Unternehmer vom Land. Unterhalb dieser unauffälligen Oberfläche muss es gewaltig gebrodelt haben. Die psychiatrische Sachverständige Dr. Adelheid Kastner hat es treffend mit einem symbolischen Bild formuliert: *„Er hat viel von einem Vulkan. Unter einer unscheinbaren, relativ undifferenzierten, fast banal wirkenden, jedenfalls unspektakulären Oberfläche, die in ihrer unkapriziösen Durchschnittlichkeit fast bieder imponiert, lauert in einer von außen nicht wahrnehmbaren Untiefe das, was er selbst an sich (wenn auch nur angedeutet und undifferenziert) wahrnimmt, was er selbst beschreibt mit den Worten, er (...) hätte auch Ärgeres machen können bzw. wenn er erklärt, für jemanden, der zur Vergewaltigung geboren ist, habe er relativ lange durchgehalten.“*

Josef F.:

Chaotische Bilder undefinierbarer Ungeheuer voller Racheschwüre hatten mich in wirren Träumen heimgesucht. Ich war schweißgebadet aufgewacht und starrte mit offenen Augen in die Finsternis. Es war stockdunkel und totenstill, als ob kein anderes Wesen in diesem Universum leben würde. Mit einem Schlag war er in meinem Bewusstsein: Der Gedanke an das, was ich getan hatte. Ein schmerzliches Gefühl des Bedauerns breitete sich in mir aus.

In meinem Anwaltsbüro im August 2022

Wieder habe ich einen freien Abend genützt, um im Manuskript zu lesen. Seite für Seite verstrickt sich Josef F. immer mehr in seine Verbrechen. Das Böse schien langsam in ihm heranzureifen, unbemerkt von den anderen, hinter vermeintlich guten Absichten verborgen, als ob er es selber nicht wahrhaben wollte. Bis er Unbegreifliches begeht. Ich brauche eine Pause und lege die Blätter zur Seite. Doch die Gedanken an das soeben Gelesene, sie lassen mich nicht los. Ich habe seit Jahrzehnten mit Straftätern zu tun und weiß, dass viele von ihnen sich selbst anlügen. Ihre eigenen Thesen und Ideen entwickeln, die sich in ihren Gehirnen unverrückbar festsetzen. Wahrscheinlich ist es für viele gar nicht möglich, anders mit ihren Taten umzugehen. Sie können die Wahrheit nicht ertragen, weil sie die Schuld nicht tragen könnten. Vor allem bei Sexualdelikten ist das so. Ekel. Scham. Blutschande. Wenn man das Unbegreifliche begreifen will, muss man die natürliche Abscheu überwinden, welche Taten wie diese in uns auslösen.

Josef F.:

Die Dienstreise führte mich zuerst durch Oberösterreich, wo ich die meisten Kunden hatte. Ich blieb dort eine ganze Woche.

Ich fuhr in den Ort hinein, um Abend zu speisen. Die Kellnerin war eine ausnehmend hübsche Frau mittleren Alters, mit der ich schnell ins Gespräch kam. Als ich mich verabschiedete, lächelte sie verheißungsvoll und steckte mir ihre Zimmernummer zu. Eine Gelegenheit, die ich nicht auslassen konnte. Sie empfing mich im Negligé, packte mich sogleich an der Krawatte, zog mich in ihr Zimmer und befreite mich im Eiltempo von meiner Bekleidung. Ihre Begierde war atemberaubend, ich kam rasch in Fahrt und beglückte sie nach allen Regeln der Liebeskunst. Als ich mich wieder anzog, blickte sie mich lasziv und zugleich enttäuscht an: „Willst du schon fahren?“ So schwer mir der Abschied von ihr fiel, ich hatte mir fest vorgenommen gehabt, noch in derselben Nacht heimzufahren. „Komm bald wieder“, flüsterte sie mir zu. Ich versprach es, obwohl ich wusste, dass ich es nicht einhalten würde können.

Früher war ich gerne unterwegs gewesen, hatte die Ablenkung von zu Hause geliebt. Jetzt war alles anders. Ich wollte rasch meine beruflichen Termine erledigen, um schnellstmöglich wieder daheim zu sein. Es war die Angst, die mich antrieb. Die Angst, dass es entdeckt werden könnte: Mein Geheimnis.

Justizanstalt Stein, Verhörzone, im August 2022

„Es beeindruckt mich, was Sie alles im Leben geschaffen haben!“ erkläre ich ihm. Er lächelt: „Viele haben mir meinen Erfolg geneidet. Aber sie haben nicht den Verzicht gesehen, der dahintersteckt. Die Disziplin, die Arbeit.“ „Was war Ihr Antrieb, waren Sie immer schon ehrgeizig?“, frage ich. „Als Kind eigentlich nicht. Im Gegenteil, ich hab oft die Schule geschwänzt und mich stattdessen herumgetrieben. Ich hab mich oft einsam gefühlt, und irgendwie auch abgelehnt, ja missachtet." „Wie haben Sie sich mit ihren Mitschülern vertragen?" „Ich war immer höflich, hab mich mit allen gut verstanden. Aber ich hab mir auch nichts gefallen lassen. Wenn ich angegriffen wurde, hab ich zurückgehaut. Ich war ja ein kräftiger, sportlicher Bub. Die Schule, naja… Die Volksschulzeit hab ich so recht und schlecht hinter mich gebracht, dann bin ich in die Hauptschule aufgestiegen. Auch dort war ich ein mittelmäßiger Schüler. Am meisten habe ich es gehasst, Gedichte auswendig zu lernen. Ich erinnere mich noch, als ich vom Klassenlehrer, er hieß übrigens Sturm, aufgefordert wurde, das Gedicht „Die Glocke" aufzusagen. Ich habe mich vor versammelter Klasse hingestellt und gesagt: „Ich bin die Glocke!" Das gab ein schallendes Gelächter! Als ich mich, anstatt in die Schule zu gehen, wieder einmal bei den Bauern herumgetrieben habe, ist dort plötzlich der Herr Sturm aufgetaucht. Er war auf der Suche nach mir! Ich bin aufgesprungen und davongerannt, als ob der Sturm hinter mir her wäre!" „So war es ja auch", werfe ich schmunzelnd ein, woraufhin er auflacht: „Ja, genau. Aber er hat mich nicht erwischt. Ich bin über einen Zaun gekraxelt und hab mich in einem Kartoffelfeld versteckt. Dort habe ich gehört, wie er gerufen hat: ‚Komm doch endlich wieder in die Schule! Es wäre schade um dich, wenn du dir die Zukunft verbaust!' Der Satz ist in mir hängen geblieben. Ich hab so ein schlechtes Gewissen gehabt, hab mich auch geschämt. Und dann habe ich mir vorgenommen, mich zusammenzureißen. Es hat mich berührt, wie dieser Lehrer sich um mich bemüht hat. Ich habe ihn nicht mehr enttäuschen wollen. Ich bin immer besser geworden, vor allem in den technischen Fächern, denn dort lag meine Stärke. In Sprachen war ich nicht so gut, da hab ich immer nur Vierer gehabt. Und dann, in der dritten Klasse, hat mir die Englischlehrerin, Reynolds hieß die, einen Zweier geschenkt! Es rührt mich heute noch, wie sie auf mich geschaut haben, dass etwas aus mir wird. Die gute Note hat mir Auftrieb gegeben. Ich bin dann zu einem richtigen Streber geworden. Die vierte Klasse hab ich mit Vorzug abgeschlossen. Mir war einfach der Knopf aufgegangen, wie man so sagt. Ich hab beschlossen, etwas aus mir zu machen. Ich war ja ein armer Bub einer armen Frau und hab immer das Gefühl gehabt, dass man auf mich herunterschaut. Und jetzt wollte ich jemand werden, vor dem man Respekt hat…" „Um Macht über andere zu haben? So wurde es damals in den Medien dargestellt", frage ich nach. „Was heißt schon Macht? Ich wollte halt nicht ‚unten' bleiben. Als Hilfsarbeiter, der anderen nach der Pfeife tanzen muss. Deshalb habe ich mich weitergebildet. Lehrgänge gemacht. Damit ich einmal zu jenen gehören würde, die von den anderen um Rat gefragt werden."

„Wie ist es dann weitergegangen?" „Ich hab mich nach der Schule selbst um alles gekümmert, meiner Mama ist es damals wirtschaftlich nicht so gut gegangen, und sie war halt überfordert nach dem, was ihr in ihrem eigenem Leben widerfahren ist. Über die Fürsorge habe ich einen Platz im Don Bosco Heim[5] in Linz gefunden. Der Direktor hieß Teufel. Und so ist er auch aufgetreten…" Josef F. lächelt ironisch, und fährt fort: „Es war halt sehr streng dort. Wir waren junge Burschen, die gerne ins Kino gegangen sind. Aber das war dort strengstens verboten! Und so sind wir halt heimlich übers Klosett-Fenster hinausgeklettert und zum Kino gelaufen. Es lag nur zweihundert Meter entfernt vom Heim.

[5] *ein von der katholischen Kirche geführtes Heim*

Wir waren zu viert, ich und drei Freunde. Tja, und als wir gegen zehn Uhr abends zurückgekommen sind, haben's uns erwischt. Der Direktor und sein Assistent sind vor uns gestanden und haben uns aufgefordert, noch am selben Abend unsere Sachen zusammenzupacken. Am nächsten Morgen haben wir noch ein Frühstück bekommen, dann haben wir ausziehen müssen. Das war ein Chaos. Ich bin dagestanden, ohne Unterkunft und ohne Geld, da man mir obendrein die Lehrlingsentschädigung vorenthalten hatte. Zur Mutter habe ich mich nicht getraut. Ich hatte sie schon drei Jahre nicht mehr gesehen, und es ist ihr ja finanziell auch nicht gut gegangen. Ich war wirklich fix und fertig damals. Ich muss heute noch zittern, wenn ich darüber spreche. Aber wieder hatte ich Glück und bekam eine Chance. Einer der mit mir auf die Straße gesetzten Freunde hatte eine Tante beim Magistrat, die sich für uns eingesetzt hat. Ich habe noch am selben Tag einen neuen Wohnplatz gefunden, in einem Lehrlingsheim im Linzer Stadtteil Neue Heimat. Ich bin dann so richtig aufgeblüht, auch im Sport. Ich war ein durchtrainierter Bursch und habe viel Sport betrieben, von Handball über Fußball bis zum Boxen. Beim Fußball habe ich im Mittelfeld gespielt, als Angreifer, ich hab gut schießen können. Ich wäre beinahe schon in die erste Liga aufgestiegen, doch es ist an der ärztlichen Untersuchung gescheitert: Ich hätte, so wurde es mir gesagt, ‚ein zu großes Herz'! Das hat mich sehr überrascht, denn ich hatte ja nie Beschwerden gehabt, außer gelegentlichem Herzstechen." Josef F. ist dermaßen eingetaucht in seiner Vergangenheit, dass er am liebsten noch stundenlang weitererzählt hätte. Doch soeben hat mir der Beamte freundlich durch die Glasscheibe hinter ihm gedeutet, dass die Amtsstunden gleich vorbei sind. Wir müssen für heute Schluss machen. „Ich komme ja eh bald wieder“, erkläre ich ihm aufmunternd zum Abschied.

Josef F.:

Nachdem es Sommer war, musste ich mich aber auch um unser Hotel im Salzkammergut und die Gäste kümmern. Ich veranstaltete Ausflüge und Wanderungen, um unseren Urlaubern unsere schöne Heimat zu zeigen und ein Wiederkommen schmackhaft zu machen. Auch vor anstrengenden Bergtouren scheute ich nicht zurück. Am beliebtesten war der Schafberg, der viel Kondition abverlangt. Ein Gutteil unserer Gäste blieb erschöpft auf halber Strecke auf der Eisenau-Hütte zurück. Ein kleiner Rest wanderte tapfer mit mir weiter bis zum Gipfel. Der Rundblick von der Terrasse des Hüttenwirts war prachtvoll, und als Belohnung wurde eine zünftige Jause serviert. Doch die Verschnaufpause währte nur kurz, wir mussten rasch wieder talwärts. Abends herrschte Hochbetrieb in unserem Gasthaus, denn nach all den Strapazen hatten unsere Gäste mächtigen Hunger und Durst. Manchmal setzte ich mich zu ihnen und lauschte ihren Erzählungen. Sie waren stolz, ihren „inneren Schweinehund“ überwunden zu haben und würden diesen schönen Tag in ihrem Leben nicht mehr vergessen. „Nächstes Jahr komme ich wieder!“, hörte ich nicht nur einmal. Gut so!

***

Die männlichen Gäste gingen meist fischen und kamen erst spätabends oder nachts nach Hause. Ihre Frauen langweilten sich, und so musste ich sie bei Laune halten. Ich tat es gerne. Ich unternahm mit ihnen Ausflüge zum Mondsee, nach Salzburg, St. Gilgen oder an den Wolfgangsee, fuhr mit ihnen shoppen oder besuchte mit ihnen ein Tanzlokal. Es machte ihnen mächtig Spaß, obwohl ich so ein miserabler Tänzer war. Man sollte es nicht für möglich halten, wie liebesbedürftig und sexuell ausgehungert Frauen sein können, wenn ihre Männer sie vernachlässigen. Besonders im Urlaub!

***

Am Ende der Saison fuhr ich nach Hause, um mich wieder meinen Aufgaben als Generalvertreter zu widmen. Die Marktlage war hervorragend. Zahlreiche Kunden hatten auf meine Angebote reagiert und interessierten sich für die hochmodernen, automatischen Fertigungsanlagen. Bevor sie bestellten, erwarteten sie freilich einen Besuch von mir, um die Details zu besprechen. Die Tour würde mich diesmal bis nach Tirol und Vorarlberg führen. Dort saßen die finanziell potenten Kunden, die ihr Geld aber keineswegs leichtfertig ausgaben. Die Verkaufsverhandlungen mit ihnen waren immer schon langwierig gewesen, und sie würden mir auch diesmal viel Verhandlungsgeschick und Überzeugungsarbeit abverlangen. Und ich schaffte es: Am Ende der Geschäftsreise hatte ich drei Aufträge in der Tasche, mit einer Gesamtauftragssumme von rund 27 Millionen Schilling! Das war damals sehr viel Geld. Meine Beharrlichkeit, die konstante

Marktbeobachtung und natürlich auch meine langjährige Berufserfahrung hatten sich bezahlt gemacht.

Justizanstalt Stein, Verhörzone, im August 2022

„Ich habe den Eindruck, dass Sie jemand sind, der immer alles unter Kontrolle haben will. Hat das nicht eine entscheidende Rolle bei Ihren Straftaten gespielt?“ Josef F. faltet sorgsam den kleinen Notizzettel, den er fast immer dabei hat, um ihn kurz danach wieder auszubreiten und mit den Fingern glatt zu streichen. Er ist sonst nie um eine Antwort verlegen, hat ihn diese Frage jetzt verunsichert? Er weiß ja, dass die psychiatrischen Sachverständigen ihm einen krankhaften Kontrollwahn attestiert haben, der zu den schwerwiegenden Persönlichkeitsstörungen zählt. „Sie sehen ja, wohin das alles führt“, antwortet er schließlich. „Denken Sie an Werte wie Familie. Früher hat es geheißen, dass sie die Keimzelle der Gesellschaft ist. Das Elternhaus war das wichtigste. Heutzutage ist alles ganz anders. Überall mischt sich der Staat ein. Das führt zu nichts Gutem. Ich sehe es ja hier, wo ich jetzt bin: Viele von denen, die im Gefängnis gelandet sind, kommen aus zerrütteten Familienverhältnissen, sind in Heimen aufgewachsen. Brutstätten der Kriminalität sind das! Der Staat kann das Elternhaus niemals ersetzen. Sie können sich gar nicht vorstellen, wie oft ich hier in der Haft Menschen erlebe, die durch schwere Erziehungsmängel auf die schiefe Bahn geraten sind! Im Gefängnis verlieren sie dann endgültig die Bindung an ihre Familie und kommen stattdessen erst recht in Kontakt mit Kriminalität und Drogen! Diejenigen, die so wie ich als „geistig abnorm" eingestuft werden, bekommen obendrein die „Maßnahme"[6] und bleiben dann doppelt oder dreimal so lang im Gefängnis! Wenn sie dann nach der Entlassung vor dem Gefängnistor stehen, wissen sie nicht, wohin sie gehen sollen. Sie finden keine Arbeit, denn wer nimmt schon einen Vorbestraften? Es hapert an der Nachbetreuung, dafür fehlt es dem Staat am Geld. Das Scheitern ist vorprogrammiert! Es ist ein einziges Elend, das totgeschwiegen wird. Mir geht das schon nahe, weil ich es hier so oft erlebe."

Ich nehme ihm seine Betroffenheit ab. Unbändige Getriebenheit, Sehnsucht nach Geborgenheit und vorprogrammiertes Scheitern sind offenbar Lebensthemen von Josef F., die er auch anhand seiner Mitgefangenen zu reflektieren scheint.

Josef F.:

In meinem Inneren verstand ich die Jugend. Ich wusste von mir selbst, wie stark der Drang nach Freiheit und Unabhängigkeit in diesem Lebensabschnitt sein kann. Das unbändige Bedürfnis, weg vom Alltagstrott zu kommen. Aber ich hatte mich eben im Griff gehabt, weil ich immer ein Ziel verfolgt habe. Ich habe einen Beruf erlernt und mich finanziell abgesichert, um später nicht von anderen ausgenützt zu werden. Bei anderen jedoch gleicht der Drang nach Freiheit einer Geißel. Sie glauben, ihr Leben mit Abenteuer, Genuss und Rausch ausfüllen zu müssen, was sie direkt in den Abgrund führt.

[6] *Einweisung in eine Anstalt für geistig abnorme Rechtsbrecher durch das Gericht*

Justizanstalt Stein, Verhörzone, im August 2022

Bei meinen Haftbesuchen kommen wir unweigerlich auf alle möglichen Themen zu sprechen. Zum Beispiel auf meine Katze, die damals erkrankt war. Ich frage ihn, ob er jemals Haustiere hatte. Ja, als Kind sei ihm ein Hund zugelaufen. Ein schwarz gelockter Pudel. Den habe er sehr gerne gehabt, denn der habe ihn vor seiner Mutter beschützt, wenn die wieder einmal auf ihn losgegangen wäre. Während er sich hinter dem vor dem Kamin aufgestapelten Holzstoß versteckt habe, habe der Hund die Mutter angeknurrt und vertrieben. Leider sei eines Tages ein Polizist aufgetaucht und habe das Tier mitgenommen. Er habe nie erfahren, was mit ihm geschehen sei. „Um diesen Hund war es mir schon leid“, erklärt er mit traurigem Gesichtsausdruck. Diese Episode aus seinem Leben ist für mich eine Gelegenheit, um ihn auf die Beziehung zu seiner Mutter anzusprechen.

Josef F.:

„Meine Mutter hat mich alleine groß gezogen. Sie prügelte und trat mich, bis ich am Boden lag und blutete. Ich fühlte mich dabei so erniedrigt, so schwach. (…) Als Kind habe ich mir immer gedacht, dass ich unerwünscht bin (…) Meine Mama ist Magd gewesen, musste viel arbeiten, ich habe von ihr nie ein Bussi bekommen, und nie eine Umarmung – obwohl ich mich so bemühte, dass sie gut zu mir ist. Ich hatte Angst vor

ihr, schreckliche Angst, vor ihrer Unberechenbarkeit, vor ihren Schlägen, vorm ‚Scheitelknien'. Und sie hat mich dauernd so beschimpft, als Satan, als Verbrecher, als Nichtsnutz. Sie verbat es mir, Freunde zu haben…" Mit diesen Worten hat die psychiatrische Sachverständige Dr. Adelheid Kastner in ihrem Gutachten das mit Josef F. geführte Explorationsgespräch wiedergegeben.

***

Jetzt, rund fünfzehn Jahre später, scheint Josef F. Frieden mit seiner Mutter geschlossen zu haben. „Sie hat es nicht leicht gehabt. Sie hat unmenschlich viel arbeiten müssen. Bei den Bauern, wo sie ausgeholfen hat bei der Aussaat im Frühjahr und im Herbst, bei der Ernte. Sie hat riesige Hände gehabt. Vor denen habe ich mich gefürchtet, denn es hat ordentlich weh getan, wenn sie mich damit gedroschen hat. Ich kann den Schmerz heute noch spüren, wenn ich daran denke…" Doch er nimmt sie sogleich in Schutz: „Sie war halt alleine und überfordert mit mir, denn ich war ein sehr lebhaftes Kind. Während sie fort war, hat sie mich am Tischbein mit einem Strick angebunden und alleine gelassen. Ich habe versucht, mich zu befreien. Dabei habe ich den schweren Tisch bis zum Eingang gezogen, Läden von Kästen geöffnet und wohl einiges durcheinandergebracht. Sie hat's wirklich nicht leicht gehabt mit mir. Im Grunde ihres Herzens hat sie mich aber sicher gern gehabt. Sie hat's halt nicht so zeigen können."

Ich merke ihm an, wie sehr ihm das Thema gerade nahegeht. „Erzählen Sie mir von Ihrer Familie. Woher kommt Ihre Mutter, Ihr Vater?“ frage ich ihn, um ihn ein wenig abzulenken. „Da muss ich jetzt ein bisschen ausholen. Das, was ich Ihnen jetzt erzähle, weiß ich nur von meiner Mutter. Mein Großvater hatte ein Landgut und eine Mühle beim Stift Ardagger. Er war sehr wohlhabend, soll aber brutal und jähzornig gewesen sein. Er war zwar verheiratet, aber seine Frau hat keine Kinder bekommen können. Und so hat er eben die Mägde geschwängert und drei Kinder bekommen, einen Buben und zwei Mädchen, eines davon meine Mutter. So wie meine Mama mir es erzählt hat, haben alle auf diesem großen Landgut gelebt. Wie eine Großfamilie. Die Frau meines Großvaters soll herzensgut gewesen sein, im Gegensatz zu ihrem Mann. Aber er war reich. So reich, dass er all seine Kinder mit Besitztümern ausstatten hat können. Meine Mutter hat von ihm das Haus in Amstetten geerbt, wo ich später, als Erwachsener, mit meiner Familie gelebt habe. Es war schon damals ein großes Parteienhaus mit acht Wohnungen gewesen. Meine Mutter hat dann einen Transportunternehmer aus dem Ort geheiratet. Als nach zwei Jahren noch immer kein Nachwuchs unterwegs war, hat er die Scheidung eingereicht. Mit der Begründung, dass sie unfruchtbar wäre. Das muss meine Mama furchtbar gekränkt haben. Nach der Scheidung wollte sie schnell einen neuen Mann finden und unbedingt schwanger werden. Sie war wohl fast schon besessen davon, ein Kind zu bekommen, um es dem Transportunternehmer heimzahlen zu können! Mit meinem Vater hat es dann sofort geklappt. Sie war schon zweiundvierzig, als ich im Jahre 1935 auf die Welt gekommen bin, als ihr erstes und einziges Kind. Der Beweis für ihre Fruchtbarkeit!

Der Transportunternehmer ist kinderlos geblieben. Er war nämlich derjenige, der keine Kinder zeugen hat können. Das hat mir meine Mama später immer wieder erzählt." „Wie war denn die Beziehung zu Ihrem Vater?" frage ich weiter. „Sie müssen wissen, mein Vater war ein Schürzenjäger. Er hat meine Mama ständig betrogen. Sie hat mir oft ihr Leid geklagt, dass er sie im Stich gelassen hat. Gerade in einer Zeit, in der es ihr wirtschaftlich schlecht gegangen ist. Viel später im Leben, als ich meine spätere Frau kennengelernt hatte, hat er wieder Kontakt zu mir gesucht. Nicht direkt, das hat er sich wohl nicht getraut. Sondern über meine Gattin. ‚Ein fescher Kerl, dein Vater', hat die dann über ihn gesagt. Ja, bei den Frauen ist er gut angekommen…" „Aber als Vater war er quasi abwesend, habe ich gelesen", hake ich nach, und: „Was war er denn von Beruf?" „Er war Lokführer. Und dann, im Krieg, Kampfpilot. Er ist abgeschossen worden und 1945 in russische Gefangenschaft gekommen. Nach drei Jahren ist heimgekommen. Und hat von meiner Mutter gefordert, dass sie ihm die Hälfte vom Haus überschreibt. Das hat sie strikte abgelehnt: ‚Das gehört unserem Buben!' Dann hat er sich eine andere gesucht ist ausgezogen. Es war sehr schwer für mich, keinen Vater zu haben. Als Kind habe ich mich oft nach jemandem gesehnt, zu dem ich aufschauen und den ich um Rat fragen kann."

„Wovon habt Ihr gelebt?" frage ich weiter. „Das Haus hat ein bisschen etwas abgeworfen. Im Krieg waren in unserer Gegend zwei Kasernen, in denen rund fünftausend Soldaten stationiert waren. Meine Mutter hat denen die Möglichkeit gegeben, in ihrem Haus mit ihren Frauen zu übernachten…"

Er schmunzelt. „Man hat schon gemunkelt, dass es ein Freudenhaus wäre. Ich erinnere mich noch, ich muss drei oder vier Jahre alt gewesen sein, dass mich die Freundin eines Soldaten zu sich ins Zimmer geholt hat. Ich war ein verrotzter kleiner Bub und hatte keine Unterhose an, für sowas war damals kein Geld da. Die Frau hat mich hochgehoben und anerkennend gesagt: ‚Aus dem wird auch einmal ein richtiger Mann!' Ich habe mich so geschämt und bin gleich weggelaufen. Nach dem Krieg sind dann die vielen Flüchtlinge ins Haus gezogen. Aber das Geld hat von hinten bis vorne nicht gereicht, es wurde noch in Kronen bezahlt, und die Flüchtlinge haben ja selber nichts gehabt. So hat meine Mutter sich dann eben was dazuverdienen müssen, indem sie bei den Bauern in der Umgebung ausgeholfen hat. Ich war sehr viel alleine als Kind. Aber ich möchte nichts Schlechtes sagen über meine Mutter. Sie hat mich zum Beispiel oft mit Mehlspeisen verwöhnt. Oder mir Bücher aus der Stadtbücherei besorgt. Als Kind hab ich unheimlich gerne gelesen. Am liebsten Indianergeschichten und Abenteuerromane, wie zum Beispiel den ‚Lederstrumpf'". „Wie ich gelesen habe, ist Ihre Mutter ins KZ Mauthausen gekommen, als Sie zehn Jahre alt waren. Warum?" „Weil sie gegen die Nazis war. Sie hat sich mit einer ganzen Horde von denen angelegt, indem sie diese als ‚Nazibagage' beschimpft hat. Mehr hätte sie aber nicht gebraucht! Die sind furchtbar ausgerastet! Sie haben meine Mama gepackt, in ein Plumpsklo gezerrt und dort furchtbar malträtiert. Einer hat ihr so fest ins Gesicht geschlagen, dass ein Auge zerquetscht wurde. Ich habe gesehen, wie es rausgehangen ist, mein Gott bin ich erschrocken! Ich war ja dabei, konnte aber nichts machen. Sie wurde operiert, aber das Auge war leider nicht mehr zu retten. Meine Mama ist dann nach Mauthausen deportiert worden. Als die Amerikaner das Lager befreit haben, ist sie zurückgekommen. Ab da war es mit ihr noch viel schlimmer als vorher… Einmal habe ich sehr hohes Fieber bekommen. Mir ist es so schlecht gegangen, dass ich fast gestorben wäre. Unsere Nachbarin ist gekommen und hat meine Mutter gebeten, mich schnellstens ins Krankenhaus zu bringen… Aber ich will heute nicht mehr über das alles reden, weil ich ihr verziehen habe. Sie hat's auch nicht besser gewusst, wie sie mit mir fertig werden soll. Sie hat sich immer mehr von der Öffentlichkeit zurückgezogen, weil sie sich wegen dem zugenähten Auge geniert hat. Vielleicht war auch die Vergewaltigung schuld." „Welche Vergewaltigung?" „Wir waren ja in der russischen Besatzungszone. Eines Abends, als sie am Rückweg von der Arbeit bei den Bauern war, hat sie ein junger Russe in seinen Jeep gezerrt und vergewaltigt. Es ist ihr gelungen, ihm heimlich den Gürtel abzunehmen. Auf dessen Innenseite war seine Dienstnummer eingetragen, sodass man ihn später ausgeforscht hat. Er ist dann strafversetzt worden. All das habe ich erst viel später erfahren, von einer Nachbarin. Denn meine Mutter hat mir nichts von der Vergewaltigung erzählt, weil sie sich geschämt hat. Sie hat dann immer weniger auf ihr Äußeres geschaut. Am Schluss ist nur mehr in zerrissenen Kleidern herumgelaufen. Dabei war sie einst eine sehr schöne, von vielen Männern begehrte Frau gewesen. Ich hatte die unzähligen Liebesbriefe aufbewahrt, die ihre Verehrer ihr geschrieben hatten. Ich hoffe, meine Familie hat die nicht weggeworfen, es wäre schade darum. Nein, ich möchte wirklich nichts Schlechtes über meine Mutter sagen. Die Schläge hab ich ihr längst verziehen. Sie war ganz alleine auf sich gestellt gewesen, und hat es sehr schwer gehabt. Auch mit mir." Während die Mutter im KZ war, verblieb der zehnjährige Josef in einer Pflegefamilie. Wie ich später recherchiere, klaute er dort Geld für die Zugfahrt zurück ins zerbombte Amstetten, um nach seiner Mutter zu suchen. Diese sei nach der Befreiung noch unberechenbarer zurückgekehrt, habe ihren Sohn geschlagen und schlussendlich gar nicht mehr wahrgenommen. Das Kind habe einmal eine Vorhautverengung erlitten und tagelang nicht urinieren können, erst durch Einschreiten einer Nachbarin sei es zum Arzt gebracht worden[7].

Ein paar Wochen später schickt mir Josef F. folgenden Brief, in dem er das Verhältnis zu seiner Mutter beschreibt:

„Der Tod meiner Mutter hatte mich nicht überrascht, da sie lange an einer psychischen Krankheit gelitten hatte und der Tod für sie eine Erlösung war. Trotzdem litt ich schwer unter ihrem Verlust. Es wurde mir bewusst, dass sie mir mehr bedeutet hat, als ich immer an ihr gefunden hatte. Sie war einfach da gewesen, wenn ich sie gebraucht habe. Dabei hat sie von mir selten Dank für ihre Hilfe bekommen. Es war ein stilles Begräbnis mit nur wenigen Trauergästen, denn die meisten ihrer Bekannten waren schon gestorben oder nicht mehr in der Lage, zu kommen. Es hat mir weh getan, den einsamen Trauerzug hinter ihrem kleinen Sarg zu sehen. Danach hat bei mir eine Nachdenkphase eingesetzt, in der ich meine Erinnerungen an all die Jahre mit ihr Revue passieren habe lassen. Diese Nachdenkphase hat mir gutgetan.

[7] *Quelle: Interview von Franziska Tschinderle mit Dr. Adelheid Kastner, veröffentlicht in „VICE" am 4.12.2014*

Sie hat meine Trauer um den Tod meiner Mutter erträglicher werden lassen. Es gab aber immer noch Phasen, in denen ich das Gefühl der Einsamkeit und Verlassenheit besonders gespürt habe. Ich habe dann versucht, sie zu verdrängen, weil ich niemanden hatte, mit dem ich darüber reden hätte können. Es dauerte lange, bis ich mich von meiner Mutter innerlich verabschiedet hatte. Auch heute noch denke ich ab und zu an sie, und wie sie es geschafft hat, uns in den Jahren der Kriegswirren unter großen Entbehrungen über Wasser zu halten. Obwohl sie mir immer zu erkennen gegeben hatte, ein unerwünschtes Kind zu sein, hat sie mich auf ihre eigene Art geliebt. Sie war sehr streng zu mir, und trotzdem hatte ich das Gefühl, dass sie mir wohlgesonnen war. Ich hoffe, dass es ihr dort, wo sie jetzt ist, besser geht. Sie hat es verdient.“

Josef F.:

Es wurde Winter. Ich war alleine zuhause und an diesem Morgen früh aufgestanden. Die Ruhe tat mir gut, ich fühlte mich frei und konnte tun und lassen, was ich wollte. Ich begab mich auf die Dachterrasse. Es war ein strahlender Tag, der Schnee glitzerte in der Sonne. Ich schloss die Augen. Plötzlich glaubte ich, Kinderlachen aus der Ferne zu vernehmen. Ich stellte mir ein kleines Mädchen vor, das ausgelassen im Schnee herumtollt. Ihre übermütigen Bewegungen. Wie sie den Schnee aus ihren langen, blonden Haaren schüttelt. Plötzlich streifte mich etwas hart am Oberarm und riss mich aus meinem Tagtraum. Es war ein Schneeball. Ein Kind muss ihn von der Straße auf die Terrasse geworfen haben.

Ich war voller Vorfreude auf den vor mir liegenden Abend. Die Frau, mit der ich ihn verbringen würde, war attraktiv und sehnte sich nach Zärtlichkeiten. Vor allem jetzt, wo sie Sorgen hatte und Trost suchte.

Ich hatte sie vor vielen Jahren bei einer Veranstaltung eines großen Bauunternehmens kennengelernt. Mir war ein kleines Missgeschick passiert, ich hatte ein Weinglas über sie geschüttet. Sie lachte, und die Unterhaltung kam schnell in Gang. Wir stellten bald fest, dass wir auf derselben Welle waren. Obwohl sie gar nicht aufdringlich gekleidet und offenbar nicht auf eine Affäre aus war, machte sie mich heiß. Sie gab sich zurückhaltend, was mich umso mehr anspornte, aus meinem abwechslungsreichen Leben auf Montage zu erzählen. Sie war gebildet, sprach fließend Englisch und Italienisch. Wie ich später bei unseren heimlichen Treffen erfuhr, wurde sie jedoch von ihrem Ehemann längst nicht mehr begehrt. Was für ein Dummkopf musste der sein, eine so attraktive, temperamentvolle Frau zu vernachlässigen!

***

Jetzt lagen wir uns im Hotelzimmer in den Armen. Wir hatten zwei Flaschen Sekt bestellt, und sie klagte mir ihr Leid. Sie war ihrem Gatten wieder einmal auf die Schliche gekommen, er hatte eine Andere. Ich hörte ihr geduldig zu. Ich wusste, dass sie mich nicht liebte, aber als verständnisvoller Freund war ich ihr wohl näher als sonst ein Mensch. Sie schätzte meine Verschwiegenheit, und dass ich gut zuhören und Ratschläge erteilen konnte. Es war schon nach Mitternacht, als sie aufstand und ein Bad einließ. Ich folgte der Verlockung. Wir lagen beide nackt im Wasser und ließen uns von den wilden Wellen der Leidenschaften davontragen. Den nächsten Tag verbrachten wir bei Prachtwetter am Linzer Pöstlingberg. Zum Abschied umarmte sie mich noch einmal ganz fest und überhäufte mich mit wilden Küssen. „Ich möchte mit dir nach Ghana fahren", schlug ich ihr spontan vor. Sie reagierte hellauf begeistert und fragte erst gar nicht nach, weshalb ich mir ausgerechnet dieses Land ausgesucht hatte. Sie konnte nicht wissen, dass ich einen Hintergedanken hatte: Ich wollte meinen inzwischen erwachsenen Sohn kennenlernen, den ich vor zwanzig Jahren während meines dortigen beruflichen Aufenthalts gezeugt hatte. Was wohl aus ihm geworden war? Seine Mutter entstammte einer wohlhabenden Familie aus der Volksgruppe der Aschanti. Eine begabte Kunstmalerin, die von ihren fantasievollen, farbenprächtigen Werken gut leben konnte. Sie hatte es nicht nötig gehabt, finanzielle Ansprüche an mich zu stellen und hat es auch nie getan.

Justizanstalt Stein, Verhörzone, im August 2022

„Seit wann tragen Sie eigentlich Ihren Schnauzbart?" „Ach, das war in Luxemburg. Meine Tätigkeit für den Stahlkonzern hatte mich dorthin verschlagen. Er hatte dort eine große Baustelle, für die ich in technischer Hinsicht verantwortlich war. Vierundzwanzig war ich damals, verheiratet und schon Vater. Ich spürte die Verantwortung, die auf mir lag. Der Bart ließ mich irgendwie reifer wirken. Seriöser. Vielleicht war das der Grund gewesen, weshalb ich ihn mir zugelegt hatte. Wir wohnten in einem großen Bungalow, der einer wohlhabenden Familie gehörte. Und, stellen Sie sich vor, die Hausherrin hat sich in mich verliebt! Sie war eine sehr temperamentvolle und fesche Frau. Es war auf einem Faschingsball. Sie hat mich kurzerhand zu sich gezogen und auf ihren Schoss gesetzt. Vor den Augen ihres Ehemannes! Dann hat sie mich alleine zu sich nach Hause eingeladen und extra für mich eine österreichische Spezialität zubereitet. Marillen- und Zwetschkenknödel! Sie waren ihr sehr gut gelungen. Wenn ich daran denke, läuft mir jetzt noch das Wasser im Mund zusammen. Ich bin ja ein Süßer, müssen Sie wissen. Liebe geht durch den Magen, sagt man. Aber es ist beim Kulinarischen geblieben, es hat sich kein sexuelles Abenteuer ergeben. Wir haben uns ja zusammenreißen müssen, denn unsere Ehepartner wären uns sicherlich auf die Schliche gekommen... Ich denke mit Wehmut an diese tolle, temperamentvolle Frau. Vielleicht ist sie gerade deshalb so in meiner Erinnerung verhaftet, weil es bei diesem romantischen Flirt geblieben ist..."

Josef F.:

Es war ein verregneter Dienstag, als wir uns am Flughafen Wien-Schwechat trafen. Meine Geliebte war übermütig vor Freude. Bis zum Schluss hatte sie gezweifelt, ob ich es mit der Einladung zur Reise ernst meinen würde. Doch ich hatte mein Versprechen gehalten und für uns beide einen Direktflug nach Accra, der Hauptstadt von Ghana, gebucht. Zuhause hatte ich die Lüge aufgetischt, dass ich mich für zwei Wochen zu einem weit entfernten Betrieb begeben müsste, um dort eine komplizierte Anlage zu montieren.

Als wir nach rund sieben Stunden aus dem Flugzeug ausstiegen, schlug uns stickig-heiße Luft entgegen. Wir riefen ein Taxi und fuhren ins Hotel, um uns frisch zu machen. In der Hotelbar versuchte ich dann, die Mutter meines Sohnes telefonisch zu erreichen. Sie war gerade nicht erreichbar, also sprach ich auf den Anrufbeantworter. Spätabends rief sie mich zurück. Wie an ihrer Stimme zu spüren war, freute sie sich ungemein über meine Ankunft in ihrer Heimat. Sie schlug mir vor, in ihre Heimatstadt zu fahren und dort in einem Hotel einzuchecken, natürlich würde sie ein Taxi für uns organisieren. „Gerne kommen wir", erklärte ich voller Vorfreude. Dann nahm ich meine Geliebte bei der Hand, um mit ihr einen kleinen Abendspaziergang zu machen. Zum Abschluss dieses schönen Tages genossen wir einen Drink an der Hotelbar. Die darauffolgende Nacht glich einem Orkan der Leidenschaften. Ich hätte es nie für möglich gehalten, dass diese Frau sich so für mich verausgaben würde. Es lag wohl auch an unserer sorglosen Urlaubsstimmung fernab beruflicher und familiärer Verpflichtungen.

Am nächsten Morgen wurden wir von einem Chauffeur in einem eleganten Mercedes abgeholt. Der Fahrer war pünktlich und sprach obendrein Deutsch, was mir sehr angenehm war. Es ging alles sehr flott, wir hatten ja auch nicht viel Gepäck dabei, denn wir wollten die Kleidung im Land kaufen. Ich wusste, dass es hier gute und günstige Schneider gab, die rasch arbeiteten.

Unsere Reise führte über eine holprige Landstraße vorbei an Verkaufsständen mit Obst und exotischen Gerichten. Als wir nach dreistündiger Fahrt beim Hotel ankamen, empfing uns eine aufgeregte Menschenansammlung. Obwohl es mehr als zwanzig Jahre her war, erkannte ich sie sofort. Abena hatte nur ein bisschen zugenommen. Ich stieg als erster aus dem Auto und half meiner Geliebten heraus. Die Menschen sprachen alle durcheinander, ich verstand gar nichts in diesem Stimmengewirr. Da erklang Abenas resolute, markante Stimme. Sie brachte es zuwege, dass die anderen sofort verstummten. Sie drang zu mir vor, umarmte und küsste mich leidenschaftlich und erklärte: „Endlich sehe ich dich wieder! Du hast dich überhaupt nicht verändert, ein bisschen weniger Haare vielleicht. Gut schaust du aus!“ Ich hatte keine Zeit, ihr zu antworten, denn sie eilte schon ins Hotel, wo ein langer Tisch mit aufwändig gestaltetem Blumenarrangement für uns gedeckt war. Meine Geliebte und ich staunten nur so über die Pracht dieses großen Saales. Kaum hatten wir Platz genommen, eilten schon die Kellnerinnen herbei, um die Getränke-Bestellungen aufzunehmen. Abena saß neben mir, und jetzt konnte ich sie endlich fragen: „Wo ist mein Sohn? Ich sehe ihn nirgends…" Sie zwinkerte mir zu: „Edem ist nicht hellhäutig wie du, sondern dunkel. Aber er ist ein hübscher Junge. Und sehr fleißig und strebsam. Er steht kurz vor dem Abschluss seines Jus-Studiums und arbeitet schon jetzt bei einem Rechtsanwalt. Er lässt sich entschuldigen, da er noch bei einem wichtigen Termin mit Klienten ist. Wir können ruhig mal mit den Essen anfangen. Ich denke, er hat auch ein wenig Scheu, dich zu sehen, da er dich ja nicht kennt. Er möchte dir unbedingt seine Freundin vorstellen. Ich selbst habe meine künftige Schwiegertochter längst ins Herz geschlossen. Ich bin mir sicher, sie wird auch dir gefallen. Sie studiert Medizin und will Kinderärztin werden." Dann berichtete Abena mir über ihr eigenes Leben. Sie unterrichtete immer noch an der Universität. Meine Geliebte kam kaum zu Wort, aber es machte ihr nichts aus. Sie genoss das schöne Ambiente und die Köstlichkeiten, die uns serviert wurden.

Spätabends traf endlich mein Sohn Edem ein. Ich erkannte ihn nicht, seine Mutter musste ihn mir vorstellen: „Na jetzt lernt ihr euch endlich in Natura kennen. Ihr seht euch schon ein bisschen ähnlich. Der Sohn ist halt größer als der Vater. Das ist gut so, damit er sich durchsetzen kann. Edem kann sehr dominant sein!" Ich sah meinem Sohn an, dass es ihm unangenehm war, wenn ihn seine Mutter so lobte. Ich versuchte seine Anspannung zu lösen, indem ich ihn nach seiner Freundin fragte. „Sie müsste jeden Moment kommen. Aber du weißt ja sicher, wie die Frauen sind. Wenn etwas Besonderes bevorsteht, dann brauchen sie besonders lange", antwortete er ein wenig verlegen. Ich schmunzelte und stellte ihm meine Geliebte vor. Er machte ihr ein charmantes Kompliment. An ihren Blicken merkte ich, dass er ihr gefiel. In der Tat ist mein afrikanischer Sohn ein äußerst attraktiver, groß gewachsener junger Mann mit guter Ausstrahlung und einem schönen, freien Lachen. Er spricht übrigens ausgezeichnet Deutsch.

Kurz vor dem großen Dinner traf seine Freundin ein. Sie war in farbprächtiger landesüblicher Tracht gekleidet und hatte neben sich zwei weitere junge Frauen, eine hübscher wie die andere. Ihre Schwestern, wie man mich wissen ließ. Sie lächelte mich sanft an, während mein Sohn sie mir vorstellte. Spätabends spielte eine große einheimische Kapelle auf. Die Menschen hier hatten das Tanzen im Blut und feierten gerne. Meine Geliebte forderte mich anstandshalber zum Tanz auf, obwohl sie wusste, dass mir dies ein Gräuel war. Afrikanische Rhythmen wecken aber in jedem Menschen, der auch nur ein bisschen Temperament im Blut hat, Gefühlsimpulse und den Drang, sich dazu zu bewegen. Ich war das freilich nicht gewohnt und geriet sogleich ordentlich ins Schwitzen. Nach nur zwei Tänzen hatte ich genug und begab mich an die Bar, um mir ein erfrischendes Getränk zu bestellen. Meine Geliebte tanzte leidenschaftlich weiter. Die heiße Musik entsprach ihrem Temperament und an ihrem hochroten Gesicht erkannte ich, wie sehr sie es hier genoss.

Während ich an der Bar saß, kam mein Sohn auf mich zu und nahm neben mir Platz. Er suchte offenbar das Gespräch, aber es dauerte ein Weilchen, bis es in Gang kam. Ich kannte ihn ja so gut wie gar nicht. Allmählich erfuhr ich einiges aus seinem bisherigen Leben, auf das er stolz sein konnte. Umgekehrt erzählte ich ihm über meine große Familie und zeigte ihm Fotos seiner Stiefgeschwister. Dann kam seine Mutter dazu. „Aber jetzt bin ich dran!" Ich konnte ihr den Wunsch nicht abschlagen und begleitete sie zur Tanzfläche. Das Fest dauerte bis in die frühen Morgenstunden.

Justizanstalt Stein, Verhörzone, im August 2022

„Sie waren viel unterwegs. Auf Geschäftsreisen, auf Urlaub, auch in fernen Ländern. Haben Sie in diesen Zeiten nie an Ihr dunkles Geheimnis gedacht?" Josef F. senkt den Blick, als ob meine Frage ihn verunsichert hätte. „Wenn ich verreist war, hab ich all meine Probleme weggeschoben. Auch mein Geheimnis. Alles war weit, weit weg. Sonst wäre ich ja verrückt geworden! Nur manchmal, wenn ich alleine war, haben mich düstere Gedanken heimgesucht. Ich habe sie sofort wieder verdrängt, indem ich mich abgelenkt und an etwas Anderes gedacht habe…"

***

Eine sonnendurchflutete Straße, irgendwo im Süden. Der Himmel über mir ist blitzblau, die Gemäuer weiß getüncht und von dicht wuchernden Bougainvilleas gesäumt. Ihr intensiver Duft vermischt sich mit dem Geruch des nahen Meeres. Plötzlich spüre ich Veränderung. Die strahlenden Farben verblassen, die Blüten scheinen zu welken und einen fahlen, modrigen Geruch zu verströmen. Der Boden unter mir beginnt zu vibrieren. Ich blicke zu meinen Füßen. Sie stehen auf einem Kanaldeckel, der sich immer mehr nach oben wölbt. Erschrocken springe ich zur Seite, und dann sehe ich sie: Schwarze Gestalten, die sich anschicken, aus dem Untergrund herauszukriechen. Im selben Moment wache ich auf.

Die schwarzen Gestalten symbolisieren die Gedanken, die Josef F. mir anvertraut hat. Während er im Sonnenschein ferner Länder urlaubte, hatte er sie tief im Bunker seines Unterbewusstseins vergraben. Mich aber haben sie so beschäftigt, dass sie in bizarren Traumsequenzen weiter gewirkt haben.

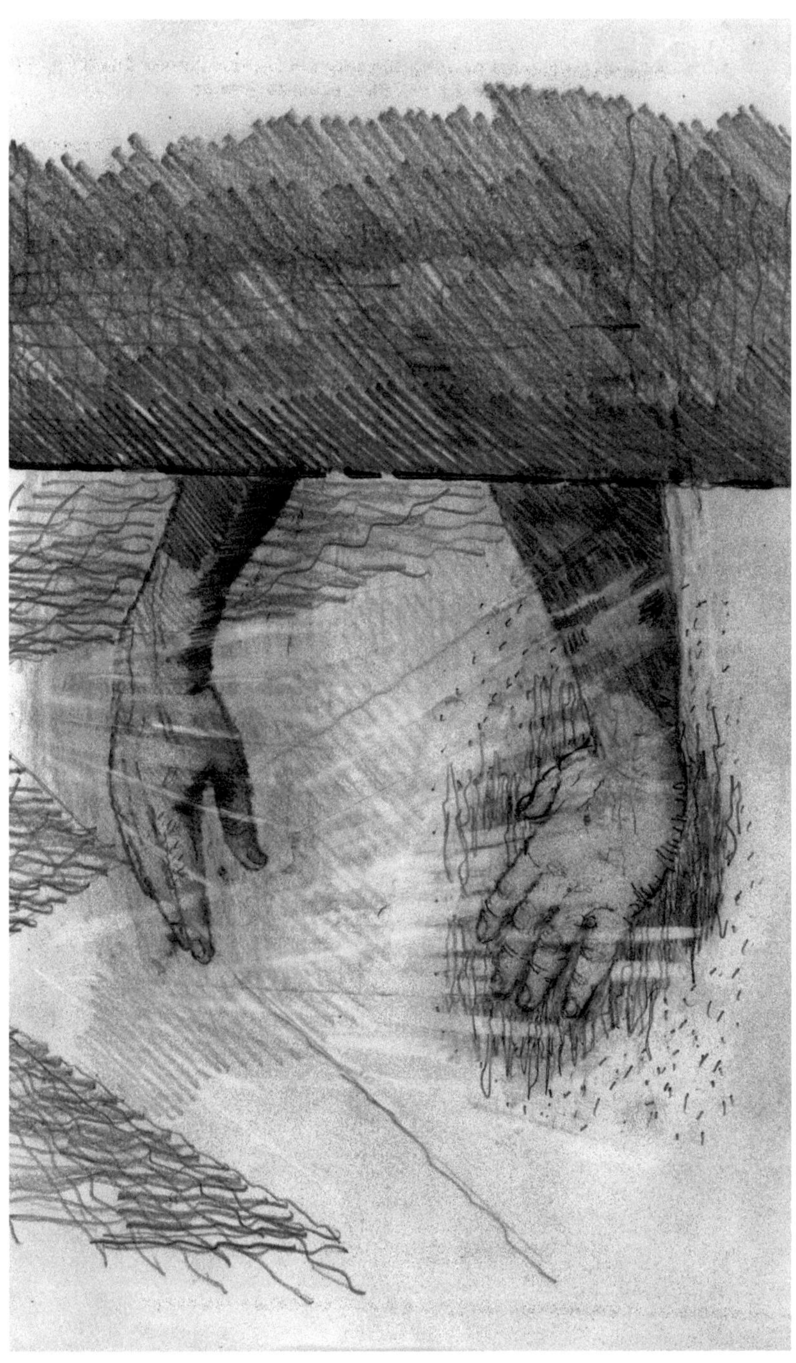

Josef F.:

Den nächsten Tag verbrachten meine beiden Ladys bei einer Shoppingtour in diversen exklusiven Einkaufstempeln. Ich hatte beschlossen, lieber für mich allein zu bleiben. Nachdem ich die ausgezeichneten Curry-Speisen im Stadtzentrum genossen hatte, schlenderte ich ins Hotel zurück, um ein Nickerchen zu halten. Zuvor ordnete ich bei der Rezeption an, dass man mich um 16 Uhr wecken möge. Ich kannte die Leidenschaft meiner Geliebten beim Shoppen, vorher würde sie sicher nicht zurück sein.

Ich muss sehr tief geschlafen haben, denn das Zimmermädchen musste mich regelrecht wachrütteln. Natürlich mit einem bezaubernden Lächeln, wie es die exotischen Blüten (sic!) an sich haben. Sie wartete wie üblich, ob ich denn sonst noch Wünsche äußerte, aber ich hatte ja diesmal gleich zwei Frauen dabei. Da war es mir zu riskant, meiner Begierde nachzugeben und verräterische Spuren zu hinterlassen. Kaum war ich unter der Dusche, kam das Zimmermädchen mit einem Getränk wieder, das sie auf dem Tisch abstellte. Sie kam zu mir ins Bad und fragte mich, ob sie mir helfen könne, wobei sie auf meinen Rücken zeigte. Ich verstand was sie meinte. Sie machte sich sofort ans Werk. Ihre sanften Bewegungen fühlten sich angenehm an. Wäre ich alleine hier gewesen, hätte ich meinem Verlangen jetzt nachgegeben. Doch ich war nun mal mit Freundin da und musste auf solch verlockende Angebote verzichten. Ich staunte über mich selber, dass ich so standfest bleiben konnte. Das Zimmermädchen lächelte, obwohl es sichtlich enttäuscht war. Ich gab ihm trotzdem ein großzügiges Trinkgeld, woraufhin es sich zufrieden zurückzog.

Es war auch höchste Zeit gewesen, denn nach einer Viertelstunde meldete sich meine Geliebte übers Zimmertelefon: „Komm an die Bar, wir sind schon zurück!“ Als ich Anhäufung von Einkaufstaschen und Schachteln erblickte, konnte ich mich nicht zurückhalten: „Ihr habt wohl die halbe Stadt aufgekauft!“ Beide lachten, und Abena bemerkte: „Deine Freundin ist doch eh so bescheiden. Ich hätte noch viel mehr eingekauft. Als vereinsamte Frau muss man sich halt mit Materiellem trösten…“ Ich protestierte: „Du bist doch eine attraktive Frau. Und, wie ich gesehen habe, sehr beliebt!“ Abena blickte ein wenig melancholisch, als sie mir eröffnete: „Ich habe in meinem Leben viele interessante Männer kennengelernt. Aber es war keiner dabei wie du. Aber ich habe ja meinen Sohn, den ich sehr liebe. Ich muss dir sagen, er ist wie du. Stur, selbstbestimmt, freiheitsliebend.“ Ihre Bemerkung rührte mich so sehr, dass ich schwieg. Und dann, nach einer Gedankenpause, fügte sie hinzu: „Und er ist ein Suchender wie du. Diese ewige Suche, dieses Streben nach einem höheren Sinn wird wohl erst zu Ende sein, wenn man Abschied vom Leben nehmen muss.“ Es sind Sätze, die ich niemals vergessen werde. Diese Frau, die mich doch nur ein kurzes Stück meiner Lebenszeit begleitet hatte, schien bis in die tiefsten Winkel meiner Seele gedrungen zu sein.

***

Am nächsten Morgen standen meine Geliebte und ich schon sehr früh auf, denn wir hatten eine lange Fahrt vor uns. Unser Ziel war ein mehrere hundert Kilometer entferntes Gebiet. Ich kannte es, da unsere Firma dort eine Sendestation errichtet hatte. In der unmittelbaren Nähe lag ein kleiner See, in dem sich Krokodi-

le tummelten. Das durfte meine Geliebte nicht verpassen! Zum Glück hatte uns Abena den Chauffeur mitsamt PKW überlassen, denn die Straßen waren mehr als unwegsam, und für einen Weißen konnte es hier sehr gefährlich werden. Bei einem Unfall hätte die ernsthafte Gefahr bestanden, Opfer von Lynchjustiz zu werden.

Am frühen Nachmittag kamen wir an. Die Einheimischen hier hatten ganz andere Gesichtszüge als die Aschantis, und ihre Hautfarbe war tiefschwarz. Doch sie waren freundlich und neugierig. Während der Chauffeur in meinem Auftrag Futter für die Krokodile besorgen sollte, machten wir uns im Hotelzimmer frisch und zogen uns um, um dann ein Mittagessen einzunehmen. Auf dem Hotelgelände lungerten unzählige Mädchen herum, um ihre sexuellen Dienste anzubieten. Auf eine ganz natürliche, selbstverständliche Art, die es für einen Europäer zu einem einzigartigen Erlebnis macht. Sie bleiben am liebsten über Nacht, um die Vorzüge einer Dusche, eines Bettes und der kühlenden Temperatur des Hotelzimmers zu genießen.

Nach einem kurzen Nickerchen machten wir uns im Mercedes auf zum See. Unser Fahrer hatte sich bei den Einheimischen schlau gemacht und wusste einen Platz, wo man Krokodile antreffen würde. Als wir dort waren, zog er das Huhn heraus, das zum Entsetzen meiner Geliebten noch lebte. Er schwenkte es mit kreisenden Bewegungen, und plötzlich bewegte sich am Ufer etwas. Eilig kam ein Krokodil an Land geklettert und die steile Uferböschung hochgerannt. Sofort warf der Fahrer das Huhn zu Boden und ergriff die Flucht. Denn das Krokodil hatte zuerst nach ihm, der größeren Beute, geschnappt! Zum Glück war er schnell genug, und das Krokodil wandte sich dem flatternden Huhn zu, dessen Flügel gestutzt worden waren. Meine Geliebte konnte nicht hinschauen, sie hielt sich die Augen zu. Aber ich sah, dass sie zwischen ihren Fingern trotzdem das grausame Spektakel beobachtete. Das Huhn war schnell vom Krokodil aufgefressen. Währenddessen waren weitere Krokodile ans Ufer gelangt und warteten auf Beute. Der Fahrer holte zwei weitere flatternde Hühner und warf sie den Krokodilen zu, inzwischen waren es acht Stück. Es entfachte sich ein wilder Kampf um die Beute, und beinahe wäre eines der Hühner entkommen. Doch die Krokodile waren unglaublich schnell. Wir hätten noch weitere Hühner gehabt, doch inzwischen hatten sich Zuschauer eingefunden, die mit der Verfütterung an die Krokodile offenbar nicht einverstanden waren. Wir zogen es vor, uns rasch auf den Heimweg zu machen, bevor es Ärger gab.

Tags darauf kehrten wir in die Hauptstadt zurück, wo wir noch ein paar Tage Badeurlaub am traumhaften, von Palmen gesäumten Strand verbrachten. Die Nächte waren hemmungslos und wild. Meine Geliebte entfachte ein Feuer in mir, das ich mir gar nicht zugetraut hätte. Sie biss mich während des Liebesspiels, was mich anspornte und ein bisschen in Gewalt ausartete. Das törnte sie an, ermunterte sie zu noch härteren Übergriffen, doch ich spürte vor Geilheit keinen Schmerz. Wir kämpften gemeinsam um den Gipfel der Erregung, rasten auf einen Orgasmus der Superlative zu. Später erklärte sie mir, dass ich der erste und letzte Mann gewesen sei, der in ihr diese tief verborgene, ganz besondere Leidenschaft erweckt hätte.

Der Urlaub ging allmählich seinem Ende entgegen. Abena bat mich, auch einmal mit mir alleine Frühstücken zu dürfen. Ich war verunsichert, was wollte sie mir sagen? Doch sie hatte einfach nur eine Gelegenheit gesucht, um sich endlich mit mir alleine in aller Ruhe aussprechen zu können. Ich erfuhr, dass meine Rückkehr nach Europa sie damals traurig gestimmt und sie mich gerne zurückgehalten hätte. Doch in ihrer Kultur würde die Entscheidung eines Mannes respektiert werden. In all den Jahren sei sie ganz in ihrer Aufgabe als Mutter aufgegangen. Gleichzeitig war sie auch beruflich erfolgreich, in Afrika ist das nämlich kein Widerspruch. Kinder gehören zum Leben, und werden nicht ausgeklammert wie bei uns. Aber für einen anderen Mann sei bei diesem ausgefüllten Leben freilich kein Platz gewesen. Heute denke ich mir: Wie wäre es wohl gekommen, wenn ich damals in Afrika geblieben wäre? Wenig später kam Edem hinzu. Als er beim Kellner die Bestellung aufgab, warf ich ihm einen verstohlenen Blick von der Seite zu. Was für ein schöner, gut gewachsener junger Mann doch aus ihm geworden war. Ein Sohn, der alles hat, um einen Vater mit Stolz zu erfüllen. Ich musste den beiden natürlich hoch und heilig versprechen, der baldigen Einladung zu seiner Hochzeit Folge zu leisten.

Am Morgen danach ging es zum Flughafen. Um zehn Uhr vormittags sollte der Direktflug von Accra nach Wien-Schwechat abheben. Wir nahmen noch einen kleinen Drink an der Flughafenbar, doch schon wurde unser Flug aufgerufen. Der Abschied war tränenreich. Als wir über dem Flughafen kreisten, glaubte ich Abena und Edem auf der Aussichtsterrasse als winzige Pünktchen zu erkennen. Es überkam mich das beklemmende Gefühl, etwas zu verlassen, das mir in Wahrheit viel näher war

als das, was zuhause auf mich wartete.
Während des Fluges beschlich mich ein anderes, banges Gefühl. Die letzten Wochen waren so bunt und voller Ereignisse gewesen, dass ich kaum daran gedacht hatte: An mein Geheimnis. Ob immer noch alles so war, wie ich es zurückgelassen hatte? Oder war inzwischen etwas Schlimmes passiert? Ein Unglück? War mein Geheimnis entdeckt worden? War ich in Österreich gar schon zur Verhaftung ausgeschrieben?

Nachdem ich die Zollkontrolle des Flughafens Wien-Schwechat überschritten hatte, atmete ich erleichtert auf. Niemand hatte mich erwartet. Meine Geliebte und ich konnten unser Vorhaben, noch eine romantische Liebesnacht im Flughafenhotel anzuhängen, sorgenfrei umsetzen.

Justizanstalt Stein, Verhörzone, im September 2022

„Was schätzen Sie bei einer Frau?" „Ich mag es, wenn sie Temperament hat. Wenn sie zugänglich ist. Ich meine das gar nicht so sehr im sexuellen Sinn. Ich meine aufgeschlossen, von ihrem Charakter her." „Also mögen Sie es, wenn eine Frau die Initiative ergreift?" frage ich weiter. Er nickt: „Ich war ja als junger Mensch recht schüchtern, müssen Sie wissen. Es war bei einer Tanzveranstaltung…" „Oje, nichts für Sie!" bemerke ich augenzwinkernd und bringe ihn zum Lächeln. „Sie war ein blondes, zartes Mädchen. Sie ist schnurstracks auf mich zugesteuert und hat mich zum Tanzen aufgefordert. Danach hat sie mir ein Busserl auf den Mund gegeben. Na, das hat mir aber einen Stich gegeben. Ich spüre es heute noch, dieses erste Busserl meines Lebens…“

Josef F.:

Daheim hatte sich einiges an Arbeit aufgestaut. Fax-Aufträge, Ersatzteile, die rasch versandt, Kunden die umgehend zurückgerufen werden mussten. Ich habe mich nie über die Arbeitsbelastung beklagt. Ich brauchte die Anspannung und den ganzen Stress wohl, als Ablenkung von meinen wahren Problemen, die ich mir mit meiner Tat aufgebürdet hatte.

Schon am nächsten Morgen fuhr ich um fünf Uhr morgens in Richtung Steiermark los, um einen ungeduldigen Kunden zu treffen. Er hatte einen großen Auftrag im Bereich Tiefbau erhalten, der mit dem bei ihm vorhandenen Maschinenpark nicht zu bewältigen war. Er war überglücklich über mein Eintreffen, und ich konnte all seine Problemstellungen beantworten. Er lud mich dann zum Mittagessen in ein nahegelegenes Gasthaus ein. Dort kamen wir auch auf Privates zu sprechen. Es war mir unangenehm, aber es gehörte nun einmal zur Vertiefung von Kundenkontakten. Seine Tochter, vertraute er mir an, sei vor einem Monat mit einem Vertreter durchgebrannt, und seitdem sei er ohne Nachricht von ihr. Seine Gattin sei dadurch psychisch schwerstens belastet, denke gar an Selbstmord, verweigere jede Hilfe, lasse niemanden an sich heran. Ich blickte verstohlen auf die Uhr, die Zeit drängte, doch seine Leidensbekundun-

gen wollten kein Ende nehmen. Ich beschloss, die Sache in die Hand zu nehmen, indem ich ihn aufmunterte. Ich bestellte noch zwei Gläschen Wein und erklärte ihm dann mit gütiger Stimme: „Wissen Sie, man muss Geduld haben mit der Jugend. Ihre Tochter ist noch sehr jung. Sie wird sicher vernünftig werden. Alles wird wieder gut werden!“

Erleichterung sprach aus seinem Blick, als er sagte: „Sie sind so ein gescheiter Mensch. Ich danke Ihnen von Herzen, dass Sie mir so lange zugehört haben!“ Wenn er nur gewusst hätte, welch dunkles Geheimnis der Mensch, der ihm gegenübersaß, in sich barg.

Es wurde einer der größten Aufträge meiner gesamten beruflichen Laufbahn.

Justizanstalt Stein, Verhörzone, im September 2022

Seit Wochen schon lese ich in seinem Manuskript. Zumeist abends, nach den Terminen mit den Klienten. Die Parallelwelt, die sich vor mir auftut, erzeugt ganz widersprüchliche Emotionen. Es ist schwer, sich ihnen zu entziehen. Dieser nach außen so banal wirkende Mensch vereint so viele Widersprüchlichkeiten in sich wie kaum ein anderer. Er wirkt sympathisch, witzig, zuvorkommend. Und hat doch furchtbare Verbrechen begangen. Er hat die Schuld auf sich genommen, scheint sich aber der Tragweite ihrer Auswirkungen nicht bewusst zu sein. Er schreibt von seiner Sehnsucht nach einzigartiger Liebe, beschreibt aber unzählige, flüchtige Affären.

Ich beschließe, ihn danach zu fragen: „Welche Frau, würden Sie sagen, war eigentlich die ‚Liebe Ihres Lebens'? Hat es die überhaupt gegeben? Oder jemanden, den Sie als Ihren ‚Lebensmenschen' bezeichnen würden?" Josef F. überlegt nicht lange: „Meine Frau. Ich habe mich ja eigentlich immer gut mit ihr verstanden. Aber wir hatten eben sehr unterschiedliche Lebensbereiche. Ich hatte meinen Beruf, meine Reisen, natürlich auch meine heimlichen Liebschaften. Ich hab halt immer irgendwie das Abenteuer gesucht. Ich habe wohl zu wenig geschätzt, was sie leistet. Könnten Sie vielleicht Kontakt mit ihr aufnehmen? Ich hätte ihr so viel zu erklären. Es heißt ja, dass man nicht nur mit sich selbst, sondern auch mit den anderen im Reinen sein sollte, bevor man diese Welt verlässt…" „Vielleicht später einmal, das müssen wir uns noch genau überlegen. Sie könnte das vielleicht falsch auffassen, sich gar unter Druck gesetzt oder bedroht fühlen", winke ich ab. Dann, nach einer Nachdenkpause, fällt der Satz: „Ich habe so viel Zeit zum Nachdenken hier im Gefängnis. Jetzt, durch die Gespräche mit Ihnen, wird vieles wieder aufgerissen. Ich würde gerne mit meiner Frau reden. Ich möchte erfahren, wie sie heute über mich denkt. Es ist doch so viel Zeit vergangen…" Ich blicke von meinem Notizheft auf und sehe in ein Gesicht, das ratlos und traurig zugleich wirkt.

Josef F.:

Wie in Trance ging ich meinen Geschäften nach. Ich war zerstreut und unkonzentriert. Gedanken kreisten ständig in mir. Was würde auf mich zukommen? Sollte ich alles auffliegen lassen? Was würde dann geschehen? Gefängnis, Zwangsversteigerung, finanzieller Ruin, Schande! Ich begann wieder darüber nachzugrübeln, wie ich am besten aus der Situation herauskommen könnte. Aber wie sollte ich es anstellen? In schlaflosen Nächten malte ich mir aus, wie die Medien sich auf mich stürzen würden. Und leider nicht nur auf mich, sondern auf meine ganze Familie. Reporter würden uns auflauern, uns die Worte im Mund umdrehen, seitenlange Reportagen über uns schreiben. Die Befürchtung, dass ich große Schande über meine Familie bringen würde, dass sie schutzlos der Medienmeute ausgeliefert sein würde, sie war beinahe unerträglich.

Meine Niedergeschlagenheit blieb meiner Umgebung nicht verborgen. Ich wurde oft darauf angesprochen und redete mich auf berufliche Sorgen aus. Weit und breit gab es niemanden, den ich meine Ängste und Sorgen anvertrauen konnte. Ich fühlte mich unendlich einsam und verloren. Der Beruf war der einzige Rettungsanker, um mich abzulenken. Als mich ein Kunde aus Kärnten anrief, weil er dringend ein Ersatzteil bei der automatischen Steuerung einer Anlage benötigte, fuhr ich sogleich los. Der technische Fehler war dank meiner Fachkenntnisse relativ schnell behoben, aber ich musste trotzdem über Nacht ausbleiben. Der Probelauf konnte nämlich erst am nächsten Morgen gestartet werden, weil das erforderliche Materialgemisch nicht gleich zur Verfügung stand. Der Betriebsleiter lud mich zum Abendessen ein, bei dem wir uns angeregt über technische Neuerungen bei der Produktion unterhielten. Es wurde sehr spät, mir fielen schon die Augen zu. Trotzdem war ich froh, wenigstens ein paar Stunden nicht an meine Sorgen gedacht zu haben.

Justizanstalt Stein, Verhörzone, im September 2022

„Wollten Sie immer viele Kinder haben?" „Ich bin ja als Einzelkind aufgewachsen. Ich habe unter meiner Einsamkeit entsetzlich gelitten. Deshalb habe ich immer viele Kinder haben wollen." „Und wie ist Ihre jetzige Einstellung? Würden Sie, wenn Sie am Anfang Ihres Lebens stehen würden, wieder eine große Familie gründen?" Er schüttelt den Kopf: „Ich würde alles ganz, ganz anders machen. Aber dieses Denken bringt nichts, denn nachher ist man immer gescheiter. Das Leben lehrt einen viele Lektionen. Nur ist es dann meist zu spät, um sie anzuwenden."

Josef F.:

Am späten Nachmittag begab ich mich alleine auf unsere Terrasse. Der Pool war gefüllt, das Wasser leuchtete in strahlendem Blau. Ich entledigte mich meiner Kleider und sprang mit einem Satz hinein. Die kühle Frische ließ mich für einen Augenblick alles um mich herum vergessen. All die Sorgen, Probleme und Lügengeschichten, die ich meiner Familie immer wieder auftischen musste.

Justizanstalt Stein, Verhörzone, im September 2022

Im April 2009 gab der Europäische Gerichtshof für Menschenrechte (EGMR) einer Beschwerde des als Mörder verurteilten Filmemachers Helmut F. statt. Er stellte fest, dass der damals noch geltende, generelle Ausschluss von Strafgefangenen vom allgemeinen, aktiven Wahlrecht gegen das in der Europäischen Menschenrechtskonvention (EMRK) festgelegte Grundrecht auf freie Meinungsäußerung verstoße. Daraufhin sah sich Österreich zu einer Gesetzesnovellierung veranlasst. Nunmehr verliert ein rechtskräftig zu einer Haftstrafe Verurteilter nicht mehr automatisch sein Wahlrecht. Vielmehr kann gemäß der österreichischen Nationalratswahlordnung das Gericht bei Verhängung von mehr als fünfjährigen Haftstrafen in Einzelfällen den Verlust des aktiven Wahlrechts aussprechen. In der Praxis geschieht dies so gut wie nie. Allerdings hält sich das Interesse an der Teilnahme an allgemeinen Wahlen in den österreichischen Gefängnissen in Grenzen, was natürlich auch, aber nicht nur am hohen Anteil von Ausländern liegt, die gar nicht wahlberechtigt sind.

Im Oktober dieses Jahres wird in Österreich der Bundespräsident neu gewählt. „Waren Sie wählen?“ frage ich Josef F. Er nickt: „Ja, natürlich habe ich von meinem Wahlrecht Gebrauch gemacht!“ „Sie brauchen mir nicht zu sagen, wen Sie gewählt haben, es interessiert mich nur…“ „Na den Alten... Jetzt will mir grad der Name nicht einfallen!“ „Den Van der Bellen?“ „Ja, den hab ich gewählt. Ich finde, er hat sich bewährt. Ein bisschen mehr hätte er halt eingreifen sollen, um die Korruption in der Politik einzudämmen. Andererseits, was kann er schon ausrichten in seiner Funktion? Ich hab ihn also gewählt, weil er nichts falsch gemacht hat, wie ich finde.“ Josef F. macht auf mich den Eindruck, dass der politische Alltag ihn längst nicht mehr interessiert. Menschen wie er wählen gewöhnlich das Altbewährte und scheuen Veränderungen. Hinzu kommt, dass man in den österreichischen Gefängnissen, zumindest offiziell, keinen Zugang zum Internet und seiner Informationsvielfalt hat. Was im Übrigen mit ganz praktischen Problemen einhergeht: Bestellungen von Kleidung, Elektrogeräten oder sonstigen Bedarfsgegenständen, die in der Anstalt selbst nicht erhältlich sind, können nur über Kataloge erfolgen. Die meisten Unternehmen bieten solche Kataloge jedoch längst nicht mehr an.

Josef F.:

Die Weihnachtsfeiertage rückten unaufhaltsam näher. Ich liebte es, den riesigen Christbaum in unserem Wohnzimmer zu schmücken. So richtig kitschig musste es sein, mit bunten Kugeln, Lametta und natürlich Sternspritzern, die am Weihnachtsabend die Augen der Kinder zum Leuchten bringen. Im Haus duftete es verheißungsvoll nach Lebkuchen, Zimt und Orangen. Damals schneite es im Winter noch häufig, und die schneebedeckte Landschaft lud zu Wanderungen an der kalten, frischen Luft ein. Unterwegs begegnete man Pferdeschlitten, ein feiner, von der dicken Schneedecke gedämpfter Klang von Glöckchen begleitete sie. Das war der Zauber der Weihnachtszeit, wie ich ihn liebte. Doch mit den Jahren verschwand dieser Zauber zusehends. Hektik und Einkaufsstress in überfüllten Geschäften prägten den Alltag. Werte wie Familie, Frieden und Besinnlichkeit verloren an Bedeutung. Ich sehnte mich nach einem Ort, an dem ich all dem entfliehen konnte. Einem Ort, an dem ich wieder ich selbst sein konnte. Einem Ort absoluter Ruhe.

Justizanstalt Stein, Verhörzone, im September 2022

„Mir ist aufgefallen, dass Sie in Ihrem Manuskript immer wieder über Weihnachten und Geburtstagsfeiern mit Ihrer Familie schreiben. Wie war das in Ihrer Kindheit?" Josef F. schüttelt den Kopf: „Da hat's kein Weihnachten gegeben für mich. Keinen Weihnachtsbaum, und schon gar keine Geschenke. Wir hatten kein Geld für solche Sachen. Und Geburtstage? Nein, die haben wir nie gefeiert. Meine Mutter hat schauen müssen, dass wir genug zu essen haben." „Hat Sie das traurig gemacht?" „Freilich. Aber es gab Menschen, die uns geholfen haben. Wie mein Freund Karli und seine Eltern. Die waren recht wohlhabend, die haben in Amstetten ein Bekleidungsgeschäft besessen. Die haben mir zum Beispiel einmal eine Torte zum Geburtstag gekauft. Oder Gewand geschenkt. Sogar Schuhe habe ich einmal bekommen. Ich erinnere mich noch, wie ich im April barfuß gegangen bin. Meine Schuhe waren schon so durchgetreten, dass man die nackten Zehen gesehen hat. Der Boden war so kalt, dass es richtig wehgetan hat! Und dann hat mich auch noch ein Hund in den Hintern gebissen, der hat einem behinderten Mann gehört... Nein, es war keine schöne Kindheit." Es sind wohl schmerzliche Kindheitserinnerungen, über die Josef F. spricht, und trotzdem tut es ihm offenbar gut, darüber zu sprechen. „Es war halt die Nachkriegszeit", fährt er fort. „Unsere Stadt war von den Russen besetzt. Es hat viele Vergewaltigungen gegeben, auch bei uns im Haus. Ich sehe es heute noch vor mir, wie es damals ausgesehen hat, mit den Einschusslöchern von den Maschinengewehren. Aber zu uns Kindern waren die russischen Soldaten nett, sie haben uns mit Geld und Zuckerln verwöhnt. Ich hab auch ein bisschen russisch gelernt, vor allem das Fluchen."

„Wie hat Ihre Mutter Sie eigentlich genannt, als Sie ein Kind waren?" frage ich ihn. „Pepperl hat sie mich gerufen. Oder Rotzpipp'n[8]. Wenn ich wieder einmal etwas angestellt hatte..." Plötzlich beginnt Josef F. zu weinen, fasst sich aber rasch und erzählt weiter. „Meine Mutter hat's gewiss nicht leicht gehabt mit mir. Mit zehn, zwölf Jahren war ein richtiger Lausbub aus mir geworden. Ich war bei einer Bande, die mit Holzschwertern gegen andere Banden gekämpft hat.

[8] *Österreichische Abwandlung für „Rotzbub"*

Ich war ein kräftiger Bub und habe mich als richtiger Räuberhauptmann gefühlt. Wir haben uns in den Wäldern herumgetrieben, haben mit bloßen Händen Fische aus der Ybbs gefangen. Die hat meine Mama dann gebraten.

Nicht nur einmal hat die Polizei sie aufgesucht, wegen meiner Streiche und dem Schulschwänzen. Mir hat halt der Vater gefehlt. Ich meine ein Vorbild, dem ich nacheifern hätte können. Doch dann ist der Lehrer Sturm gekommen. Den Namen werde ich nie vergessen. Er hat viel von mir gehalten. Er hat nicht locker gelassen. Dadurch ist es ihm gelungen, meinen Ehrgeiz zu wecken. Ich habe mir fest vorgenommen, mir Wissen anzueignen und etwas aus mir zu machen."

An einem Landesgericht in Niederösterreich im Oktober 2022

Er hieß Liam. Der Besitzer hatte den hübschen, schwarzweiß gefleckten Border-Collie tagelang gesucht und Aufrufe über die sozialen Medien gestartet. Dann fand man ihn: Er lag tot in einem Brunnenschacht. Der Täter hatte dem Tier unfassbares Leid angetan. Liam war an den Läufen gefesselt worden, man hatte ihm die Schnauze mit Paketbändern zugeklebt und ihn sodann in den Schacht geworfen, wo er qualvoll erstickte. Der Besitzer setzte alle Hebel in Bewegung, um den Täter zu finden, veranlasste von sich aus die Obduktion. Am Schluss wurde seine eigene Lebensgefährtin angeklagt.

Ich hatte mir immer geschworen gehabt: „Einen Tierquäler werde ich nie vor Gericht verteidigen!“ Die moralische Entrüstung der Tierschützer, dass ich es dennoch wage, ist groß. Doch meine Mandantin beschwört ihre Unschuld.

Heute findet die Hauptverhandlung an einem niederösterreichischen Landesgericht statt. Der Fall geht mir ob der ungewöhnlichen Grausamkeit besonders nahe, doch ich kämpfe wie immer professionell und mit größtmöglichem Einsatz für meine Mandantin. Sie wirkt hochnervös, ihre Hände verkrampfen sich in einem Papiertaschentuch. Am Richtertisch liegen die Schwarz-Weiß-Bilder von dem hilflos gefesselten Tier und dem düsteren Schacht. Schnell wird klar, dass der Richter der Angeklagten nicht glauben will. Er verurteilt sie zu einer bedingten Freiheitsstrafe von ein paar Monaten. Mehr ist ohnehin nicht möglich, da die Strafdrohung bei Tierquälerei immer noch vergleichsweise moderat ist. „Die Indizienlage spricht gegen Sie!“ begründet er sein Urteil. Beim Verlassen des Gerichtsgebäudes fällt die Anspannung weg, und erst jetzt wird mir die Parallelität bewusst: An diesem Gericht war auch Josef F. wegen seiner düsteren Verbrechen zu einer lebenslangen Freiheitsstrafe verurteilt worden.

Josef F.:

Inzwischen war der Markt mit den Fertigungsanlagen für die Betonindustrie gesättigt, sodass ich nach neuen Produkten Ausschau halten musste. Ich beschloss, die große Messe für Hoch- und Tiefbau in Hannover zu besuchen. Ich hatte mir in der Branche einen hervorragenden Ruf erarbeitet, mein Schwerpunkt lag inzwischen im Bereich der automatisch gesteuerten Kübelbahnen zur Beschickung der Produktionsmaschinen sowie kompletter Mischanlagen. In Hannover hatte meine Firma einen eigenen Ausstellungsstand mit einer Musteranlage zur Demonstration für Kunden.

Die Geschäftsreise gestaltete sich sehr anstrengend, da ich ja Kunden in ganz Österreich zu betreuen hatte. Zum abendlichen Feiern blieb nicht viel Zeit, da ich am nächsten Tag schon um acht am Stand stehen musste, um alles für den Kundenansturm vorzubereiten. Nach einer Woche konnte ich Resümee ziehen. Ich hatte viele Aufträge an Land gezogen, meine beharrlichen Anstrengungen hatte sich gelohnt. Ich war in Hochstimmung.

Justizanstalt Stein, Verhörzone, im Oktober 2022

„Über Sie ist ja allerhand geschrieben worden. Irgendwo stand auch, dass Sie zu Prostituierten gegangen seien, oder in Swingerclubs gewesen sein sollen?" Josef F. schüttelt verächtlich den Kopf: „So ein Blödsinn aber auch! Ich war nie in meinem Leben bei einer Prostituierten, und niemals in Swingerclubs. Das passt überhaupt nicht zu mir. In der Liebe war ich immer ein Spätzünder. Es dauert, bis ich mit einer Frau warm werde. Um Sex zu haben, brauche ich meine Anlaufzeit…"

Josef F.:

Ich verhehle nicht, dass ich meine diversen Reisen auch dafür nutzte, um weibliche Bekanntschaften zu pflegen. Sie waren fast immer verheiratet oder liiert, oft mit eifersüchtigen Männern. Eine von ihnen war gerade im gefährlichen Alter von 36 Jahren, ihr Mann neunzehn Jahre älter und gerade auf Montage. Ich kannte sie seit vielen Jahren und rief sie beiläufig an: „Ich bin demnächst zufällig in deiner Nähe, wir könnten uns kurz treffen…" Wie verabredeten uns in einem Gasthaus am Mattsee. Sie kam in einem schicken roten Mercedes Cabrio, und natürlich wollte sie mehr von mir. Ich hatte vorsorglich ein Zimmer bestellt. Nachdem sie das Gepäck abgelegt hatte, zog sie sich sofort aus. Sie hatte noch immer ihre Traumfigur. Als sie unter die Dusche ging, wäre ich ihr am liebsten gefolgt, aber ich wollte es nicht zu schnell angehen. Ich wusste, dass sie gerne die Führung übernahm und die Leidenschaft in Person sein konnte, wobei man verräterische Spuren am Körper davontragen konnte…

Sie riss mich in einen Strudel der Leidenschaften. Es war gar nicht so leicht, ihre fast schon aggressiven Ausbrüche abzuwehren, denn sie war eine sportlich durchtrainierte Frau, und wendig wie eine Schlange. Sie war es, die das Liebesspiel und seine Regeln bestimmte. Später flanierten wir den See entlang. Ich ließ die wunderbare Kulisse der Landschaft und der am Strand sich vergnügenden Menschen auf mich wirken, während sie mir aus ihrem Leben erzählte. Da gab es nicht nur Schönes. Ihr Gatte hatte sie bei einem Ehebruch ertappt und sie grün und blau geschlagen. Jetzt lebte sie getrennt von ihm, seitdem verstanden sie sich besser. Sie hatten sich darauf geeinigt, dass jeder für sich tun und lassen könne, was er will. Sie wusste aber, dass er sie trotz dieser Abmachung kontrollierte. Abends besuchten wir eine Tanzveranstaltung in dem Gasthof, in dem wir uns einquartiert hatten. Nachdem ich bekanntlich mit Tanzen nicht viel am Hut hatte, zogen wir uns nach Mitternacht mit einer Flasche Sekt aufs Zimmer zurück.

Am nächsten Morgen war ich unglaublich erschöpft. Und trotzdem entspannt wie schon lange nicht mehr, denn der sexuelle Ausflug hatte mir gut getan.

Justizanstalt Stein, Verhörzone, im Oktober 2022

„Wäre es eigentlich möglich, hier im Gefängnis einen Hamster zu halten?“ frage ich Josef F. „Niemals! Einen Unschuldigen einsperren, das kommt doch gar nicht in Frage!“ lautet die prompte Antwort. Ist das jetzt Sarkasmus? Längst kenne ich den hintergründigen Humor, zu dem Josef F. neigt. „Aber stellen Sie sich vor, einmal habe ich tatsächlich eine Fledermaus in der Zelle gehabt“, berichtet er mir dann. „Keine Ahnung, wo die hergekommen ist. Der Beamte hat sie an der Wand entdeckt: ‚Was haben wir denn da, das ist doch gar nicht erlaubt‘, hat er ausgerufen.“ „Was haben Sie mit der Fledermaus gemacht?“ frage ich. „Ich habe sie vorsichtig von der Wand genommen und dann in einem Schacht, der ins Freie führt, ausgesetzt. Sie war noch recht klein, wohl ein Junges.“

Früher war es nicht unüblich, dass Gefangene in Justizanstalten Tiere hielten. Mäuse, Hamster, sogar Katzen. In der Justizanstalt Stein darf man als Insasse heute höchstens ein Aquarium besitzen. Trotzdem gelangen immer wieder Tiere in die alten Gemäuer.[9] Beispielsweise Tauben, die durch die Zellenfenster fliegen. Das liegt daran, dass es Insassen gibt, die diese Tiere füttern. Dadurch verlieren sie ihre natürliche Scheu vor den Menschen und kommen mitunter in Zellen, in denen sie weniger willkommen sind.

[9] *Im historischen Teil der Justizanstalt Stein befand sich bis 1848 das Kloster eines strengen Frauenordens, der Redemptoristinnen.*

Josef F.:

Im Jänner wurde ich von meiner Firma zu einer vierzehntägigen Verkäufertagung nach Kopenhagen geschickt, wo neue Fertigungsanlagen präsentiert wurden. Auch ein Referat musste ich dort halten, das ich anhand von Marktanalysen und Plänen gut vorbereitet hatte.

Ich fuhr im frühen Morgengrauen zum Flughafen und stellte meinen PKW im Parkhaus ab. Da ich zu früh war, flanierte ich am Flughafengelände, besorgte alkoholische Getränke und Rauchwaren für die dänischen Kollegen und las mein Referat durch. Bevor ich zum Gate ging, überflog ich ein paar Zeitungen. So viele Kriminalfälle, Unglücksfälle, menschliche Schicksale. Als plötzlich zwei Polizisten auftauchten, verspürte ich einen Stich: Patrouillierten die wegen mir? Ich versuchte, mich selbst zu beruhigen. Vor meiner Abreise hatte ich mich doch wie immer mehrfach und penibel vergewissert, dass alles perfekt abgesichert ist. Niemand würde während meiner Abwesenheit mein Geheimnis entdecken.

Es war ein ruhiger Flug bei schönem Wetter. Beim Exit in Kopenhagen erwartete mich der Exportleiter und begrüßte mich herzlich. Nach der Ankunft eines Kollegen aus Finnland fuhren wir gemeinsam ins Hotel. Zum Abendessen gab es viel Fisch und Alkohol, und so endete gleich der erste Abend in einem Trinkgelage. Die Dänen erwiesen sich als äußerst trinkfeste Ge-

sellen. Ich schaute, dass ich mich möglichst unauffällig auf mein Zimmer davonstehlen konnte. Denn morgen würde ein harter Tag werden, und ich war einer der ersten, der ein Referat zu halten hatte.

Am nächsten Tag erwartete mich im Frühstücksraum des Hotels ein typisch dänisches Büffet voller Köstlichkeiten, von Mehlspeisen bis zu unzähligen Käse- und Wurstsorten, Eiern und so weiter. War ich froh, dass ich am Vortag rechtzeitig gegangen war, sodass ich das hier genießen konnte! Die anderen Vertreter trudelten nach und nach mit müdem Gesichtsausdruck ein und tranken nur Kaffee oder Tee. Pünktlich um neun traf der Bus ein, der uns zum Hauptwerk in Ringstedt brachte, wo die Tagung stattfand.

Noch vor Beginn des offiziellen Teils bedankte sich der Firmeneigentümer für den erfolgreichen Einsatz in den einzelnen Ländern. Es hatte im vergangenen Jahr Rekordumsätze gegeben, wobei er die äußerst respektable Leistung des kleinen Österreich eigens hervorhob. Natürlich würde dies in Form einer Prämienerhöhung belohnt werden. Fürs nächste Jahr wurde für den besten Verkäufer eine 14-tägige Reise nach Brasilien zum Karneval mitsamt Aufenthalt in einem Fünf-Sterne-Hotel in Aussicht gestellt.

Die Referate, Konferenzen und Vorführungen dauerten eine Woche. Ich war froh, als am Samstag die ersten Kunden eintra-

fen. Insgesamt wurden achtzig Kunden aus zahlreichen Ländern erwartet, die sich für die neuen technologischen Entwicklungen am Markt interessierten. Sie wurden durch die Fabrikhallen geführt, wobei sie auch viel über die Entstehung und die Betriebsziele erfuhren. Höhepunkt war die Vorführung der hochmodernen Kübelbahn. Der Konstruktionsleiter betätigte feierlich den Startknopf, und schon begann der automatische Arbeitsvorgang, der das Betongemisch in die Anlagebehälter entleerte, programmgemäß zu laufen. Es klappte nicht gleich beim ersten Mal, woraufhin die Firmenleitung ein wenig nervös wurde. Der zweite Probelauf gelang jedoch eindrucksvoll, und alle applaudierten. Abends unternahmen wir natürlich einen ausgiebigen Ausflug ins aufregende Kopenhagener Nachtleben.

Nach vierzehn Tagen fuhr uns der Bus wieder Richtung Flughafen. Wieder in Österreich, wälzte ich mich durch den Freitagverkehr, so schnell es eben ging. Irgendwie hatte mich eine seltsame Unruhe erfasst, fast wie eine Vorahnung.

Justizanstalt Stein, Verhörzone, im Oktober 2022

Inzwischen bin ich tief in das Manuskript eingetaucht. Ich befinde mich inmitten der seltsamen Welten des Josef F.: Jene an der Oberfläche schien hell und heiter, er spielte die Rolle des biederen Familienvaters perfekt. Darunter jedoch lag seine andere, geheime Welt. Dunkel, unergründlich, schemenhaft, fast unwirklich. Diese tief in seinem Inneren verborgene Welt war wohl diejenige, die seinem wahren Wesen entsprach.

Längst ahne ich, dass der Schlüssel der von Josef F. begangenen Taten in seiner frühen Kindheit zu suchen ist. „Es hat mich beeindruckt, wie Sie mir letztens von Ihrer Kindheit und Jugend erzählt haben. Wie präzise Ihre Erinnerungen noch sind. Dass Sie all die Namen noch wissen…" Ich weiß von meiner Großmutter, dass im hohen Alter lange zurückliegende Ereignisse und Fähigkeiten offenbar wieder wach werden. Sie entstammte der burgenländischen Weinstadt Gols, welche in ihrer Kindheit zu Ungarn gehört hatte. Als sie auf die hundert zuging, sprach sie am liebsten mit ihrer ungarischen Pflegerin in deren Muttersprache.

Josef F. spricht häufig über seine Mutter, auch jetzt wieder, und betont dabei stets: „Ich hab sie sehr gerne gehabt." Auch wenn sie ihn oft brutal behandelt hätte: „Wenn sie zugeschlagen hat, bin ich gleich am Boden gelegen. Am Schluss hat sie halt richtig ‚schiach' ausgesehen, mit ihrem ausgeschlagenen Auge. Zwei Finger haben ihr auch gefehlt." Als ich nachfrage, erfahre ich, dass sie als Kind mit der Hand in einen Häcksler geraten sein soll. Josef F. berichtet weiter über schöne Kindheitserinnerungen: „Meine Mama hat mich mit vielen Süßigkeiten verwöhnt. Es war schön, wenn wir gemeinsam zu den Bauern gefahren sind, zum Fechten…" Als er mein ratloses Gesicht sieht, klärt er mich auf: „Ja, Fechten. So haben wir das genannt, wenn wir bei den Bauern angeklopft und um ein Stückl Brot, Speck oder ein Ei gebettelt haben." Den Ausdruck hatte ich wirklich noch nie zuvor gehört. „Als ich dann aber zu den ‚Roten Falken' gekommen bin, war ihr das überhaupt nicht Recht. Die ‚rote Brut', das sind ja lauter Nichtsnutz, hat sie geschimpft." „Wie sind Sie denn zu den ‚Roten Falken' gekommen?", frage ich nach. „Ich habe Anschluss gesucht zu Gleichaltrigen. Die Uniformen haben mir auch gut gefallen. Das schöne blaue Hemd, das rote Halstuch, das war schon sehr fesch. Und natürlich der Sport! Ich habe dort Handball gelernt. Ich war immer sehr sportlich. Später bin ich zum ATUS, zum Arbeiterturn- und Sportverein. Bei den ‚Roten Falken' hab ich meine erste Liebe kennengelernt." „Das müssen Sie mir aber genauer erzählen", hake ich nach. „Luzi hieß sie. Sie war dunkelhaarig, ein ganz anderer Typ als meine spätere Frau, die ja blond ist. Und sehr lustig und temperamentvoll. Sie wollte mich immer abbusserln, aber ich war zu feig. Ich war halt so schüchtern damals. Ich kannte das ja nicht, Zärtlichkeiten und so. Meine Mutter hat mich nie liebkost oder geküsst. Und dann kam ein anderer daher und hat dieser Luzi ein Busserl gegeben! Das war's dann mit der ersten Liebe, ich war sehr enttäuscht. Später habe ich sie aus den Augen verloren, weil ich nach Linz zur Lehre gegangen bin." „Wie sind Sie eigentlich aufgeklärt worden?" frage ich nach. „Gar nicht. So war das halt damals, da hat es keinen Aufklärungsunterricht oder sowas gegeben. Aber mit acht Jahren habe ich schon ein bisschen neugierig geschaut und gespielt, mit den Nachbarsmädchen…" „Sie meinen das, was man ‚Doktorspiele' nennt?" Er lacht: „Genau. Wir haben uns halt gegenseitig gezeigt, was wir da unten haben… Aber vor einem Busserl hab ich mich immer gescheut. Weil es das bei mir als Kind nie gegeben hat."

Josef F.:

In dieser Nacht hatte ich einen wunderschönen Traum. Ich befand mich mit einer Frau auf unserer Dachterrasse. Sie trug nur einen Bademantel aus fließender, weißer Seide. Leichtfüßig schritt sie zum Beckenrand, ließ ihr einziges Kleidungsstück fallen, und glitt ins Wasser. Ihr schlanker Körper bewegte sich darin geschmeidig wie eine Nixe. Ihr blondes, offenes Haar kontrastierte wunderbar zum azurblauen Wasser.

In meinem Anwaltsbüro im Oktober 2022

Eine Nummer mit Grazer Vorwahl erscheint auf dem Display meines Mobiltelefons. Ein Gefängnisinsasse, wie ich sogleich vermute. Es liegt daran, dass Anrufe aus Justizanstalten zentral von einem Grazer Telefonunternehmen koordiniert werden. Um telefonieren zu können, müssen die Insassen Wertkarten aufladen lassen. Die Telefonate erfolgen über Festnetzapparate, die in den einzelnen Abteilungen an den Wänden angebracht sind. Ich erkenne seine Stimme gar nicht, sie klingt am Telefon ganz anders. Jünger, heller. Als ich ihm das sage, bemerkt er spitzbübisch: „Gut zu wissen, da kann ich mich auch mal verstellen.“ Dann bittet er mich, am Mittwoch nicht zu kommen, da er eine Therapiestunde habe. Wir verschieben den Termin.

In seinem Manuskript bin ich inzwischen an jenen Stellen angelangt, an denen sich Perversion und kriminelle Raffinesse zu Verbrechen ungeahnter Dimension vermengen.

Josef F.:

Ich hatte die Rolle des überraschten Familienvaters, der Verantwortung übernahm, perfekt gespielt. Am nächsten Morgen stand ich schon um fünf Uhr auf, da es allerlei zu erledigen gab. Ich begab mich zur Gendarmerie, wo ein Protokoll aufgesetzt wurde. Als ich es unterfertigte, war auch schon alles erledigt. Keine Fragen, keine Nachforschungen, schon gar nicht die Einschaltung der Staatsanwaltschaft. Ich hatte mir das nicht so einfach vorgestellt. Vielmehr hatte ich mir schon ausgemalt, wie ein polizeiliches Kommando unser Haus stürmt, die Mieter befragt und mein Geheimnis schlussendlich entdeckt würde ...

***

Meinen Beruf hatte ich wegen der aufregenden Ereignisse zuletzt etwas vernachlässigt. Als ich am nächsten Morgen nach dem Frühstück noch schnell in die Wohnung gehen wollte, hörte ich meine Sekretärin, wie sie mit klappernden Schritten die Stufen hinaufeilte. Sie trug stets elegante Stöckelschuhe, auch bei der Arbeit. Das gefiel mir und ich wäre ihr gerne näher gekommen, doch sie war fest vergeben, wie ich wusste. Sie war so außer

Atem, dass ich sie am liebsten in die Arme genommen und beruhigt hätte. Doch es ging um eine wichtige geschäftliche Angelegenheit: Ein Kunde hatte sich beschwert, dass seine Anlage schon seit einer Woche nicht funktioniere, ich müsse so schnell wie möglich dorthin fahren. Ich rief gleich an und bekam eine Standpauke sondergleichen zu hören. Der erzürnte Kunde schrie so laut, dass ich den Hörer einen halben Meter vom Ohr entfernt halten musste, sonst wäre womöglich mein Trommelfell geplatzt! Als er sich einigermaßen beruhigt hatte, ließ ich mir das Problem schildern. Ich kannte meine Anlagen auswendig und fand daher sofort den Fehler. Sogleich packte ich die benötigten Teile ein, setzte mich in meinen PKW und fuhr Richtung Salzburg, wo der Kunde zuhause war.

Beim Kunden angelangt, ließ ich mir den Fehler im Beisein des Produktionsleiters nochmals vom Maschinisten genau beschreiben. Ich hatte die richtigen Teile mitgebracht, und nach einigen Handgriffen funktionierte die Anlage wieder einwandfrei. Der Kunde zeigte sich hochzufrieden und entschuldigte sich für sein unangebrachtes Benehmen am Telefon. Beim Rückweg erledigte ich meinen geplanten Großeinkauf. Es war fast Mitternacht, als ich endlich zu Hause ankam. In der Garage machte mich daran, ganze sieben Schiebetruhen voller Waren zu verladen und einzuräumen. Danach fiel ich todmüde ins Bett.

Justizanstalt Stein, Verhörzone, im Oktober 2022

„Dieses Hemd steht Ihnen gut!“ Ich meine das Kompliment ehrlich. Das goldbraun-schwarz gestreifte Hemd bildet einen eleganten Kontrast zu seinen weißen Haaren und der blassen, fein gerunzelten Haut. „Ach, das hab ich schon lange“, erklärt er mir beiläufig, doch ich merke ihm an, dass ihn mein Kompliment freut. Inzwischen habe ich all seine Frauengeschichten nachgelesen und kann mir gut vorstellen, was seinen Erfolg beim weiblichen Geschlecht ausmachte. Josef F. ist jemand, mit dem man sich gerne unterhält. Er ist witzig und redselig, bremst sich dann aber von selber ein: „Ich halte Sie doch nicht auf, Frau Doktor?“ Ich frage ihn, ob es Jugendfotos von ihm gibt. Leider nein, er habe alles zurückgelassen. Das Haus ist versteigert worden, die Familie in aller Winde verstreut.

Später, bei der Heimfahrt nach Wien, suche ich mir einen meiner Lieblingssongs aus „Spotify“ heraus: „Dust in the wind…“. Das Lied war erstmals 1977 von der US-amerikanischen Rockband „Kansas“ veröffentlicht worden. Damals war ich vierzehn und, bedingt durch die dramatischen Ereignisse rund um den „deutschen Herbst“, sozusagen „politisch erwacht“: In meiner naiven Sehnsucht, aus meiner bürgerlichen Welt auszubrechen, distanzierte ich mich von der als „seicht“ empfundenen „Disko“-Welle und sympathisierte stattdessen mit der kriminellen Bande der „Roten Armee Fraktion“. Der jugendliche Irrweg bliebe zum Glück ohne Konsequenzen. Doch er ist auch ein Grund dafür, dass ich mir keine vorschnellen Urteile über andere und deren Handlungen anmaße. Im Übrigen sagte schon Winston Churchill: „Wer in der Jugend kein Kommunist ist, hat kein Herz.“ Während die spätsommerliche Landschaft der Wachau an mir vorüberzieht, schwelge ich in einer seltsam melancholischen Stimmung. In einer der Anwaltskanzleien, in denen ich einst meine Ausbildung absolvierte, hatte es viele Akten

von Personen gegeben, die unter „Sachwalterschaft", wie man das damals nannte, standen. Es ging dabei um Menschen, die geistig nicht oder nicht mehr in der Lage waren, sich um ihre Belange zu kümmern. Wenn sie dann starben, kümmerte ich mich neben den rechtlichen Belangen auch um die Organisation der Räumung ihrer Wohnungen. Unter all den Habseligkeiten fanden sich immer wieder liebevoll zusammengestellte Fotoalben und Ordner mit Briefen. Es war meine Aufgabe, alles dem Entrümpelungsdienst zu übergeben. „All we are is dust in the wind…"

Josef F.:

Ihre Identität tut nichts zur Sache, und daher verrate ich nicht, woher sie kam und wie sie in mein Leben getreten war. Sie kam jedenfalls gerade recht in einer Zeit, die mich privat und beruflich sehr herausforderte, und fing mich auf. Sie war attraktiv, aufgeschlossen, intelligent und um Jahrzehnte jünger als ich. Es hatte mit ein paar flüchtige Begegnungen begonnen, denn sie war in einem Betrieb für Reklamationen zuständig, wo sie alles zu meiner vollsten Zufriedenheit regelte. Auch dieses Mal. Ihr bezauberndes Lächeln ließ mich meine Sorgen für einen Augenblick vergessen. Als ich mich bedankte, sah sie mich für einen Moment zu lange an. Sie verpackte ihre Einladung zum Abendessen in eine raffinierte Bemerkung: „Ein wenig Abwechslung tut gut. Nicht nur beim Essen…" Ich konnte ihrem Charme nicht widerstehen und sagte zu. Es war rührend, wie sie sich bemüht hatte: Elegante Gläser, übers Tischtuch verstreute Rosenblätter, flackerndes Kerzenlicht. Dass mir das Halbdunkel beim Essen gar nicht so behagte, konnte sie ja nicht wissen. Ich will nämlich sehen, was man mir auf meinen Teller serviert. Es wurde ein Fest der Sinne, denn sie hatte eine meiner Lieblingsspeisen herbeigezaubert: Kottelet mit Spiegelei und Ananas. Dazu tranken wir hervorragenden Rotwein. Der Alkohol lockerte meine Zunge, und so erfuhr sie viel von mir und meinem Leben.

Es folgte die Nachspeise, allein der Anblick war ein Hochgenuss: Eis-Palatschinken mit Schlagobers, bestreut mit Schokoguss. Dann stand sie auf, um den Sekt zu holen. Mir wurde plötzlich ganz heiß. Sie schmiegte sich wie eine Katze an mich und hauchte: „Es kann heute ruhig später werden, denn morgen hab ich frei. Ich nehme jetzt eine Dusche.“ Damit hatte sie mich, den älteren, erfahrenen Mann wie eine Beute erlegt.

Als sie aus der Dusche stieg, verschlug es mir den Atem. Sie hatte eine verführerische Figur und verstand es, diese zur Geltung zu bringen. Sie trug nicht mehr als ein durchsichtiges Baby-Doll-Kleidchen, dessen Ausschnitt bis zum Nabel reichte. Als sie sich vornüber beugte, sprangen ihre Brüste heraus und drückten gegen mein Gesicht. Ich verspürte pochende Hitze, mein Puls raste, längst war es um mich geschehen. Doch sie machte gnadenlos weiter, beugte sich tiefer und gab mir einen langen Zungenkuss. „Jetzt kannst du auch duschen. Beeile dich, ich habe schon alles vorbereitet“, flüsterte sie. Aus dem Augenwinkel sah ich, dass sie ein Badetuch dabei hatte, das sie auf die Eckbank warf. An Schlaf war in dieser Nacht nicht mehr zu denken. Am nächsten Morgen sah ich, dass das Badetuch blutige Flecken hatte. Da eröffnete sie mir, dass sie noch Jungfrau gewesen war: „Ich habe es dir verschwiegen, um dich nicht zu verschrecken!" Ich fühlte mich geehrt, von dieser jungen, schönen und temperamentvollen Frau auserwählt worden zu sein, mit ihr die erste Liebensnacht zu verbringen. „Ich habe ja gewusst, dass du nicht so kühl bist wie du vorgibst. Es war wunderschön mit dir. Schade, dass du verheiratet bist", sagte sie dann. Wir vereinbarten, dass unsere Affäre geheim bleiben sollte. „Das zwischen uns beiden geht niemanden Außenstehenden etwas an. Es wird unser Geheimnis bleiben", beteuerte sie.

***

Am folgenden Abend verspätete ich mich wegen eines geschäftlichen Termins, weshalb sie das Essen warm gestellt hatte. Es schmeckte trotzdem vorzüglich. Sie hatte sich schon umgezogen und trug ein hauchdünnes Minikleid. Der dezente Ausschnitt ließ die süßen Früchte im Körbchen erahnen. Dafür, dass sie noch vor wenigen Stunden Jungfrau gewesen war, wusste sie hervorragend darüber Bescheid, wie man Männer scharfmacht. Als wir fertig gegessen hatten, gingen wir wortlos ins Badezimmer, wo sie die Wanne einließ. Sie bückte sich aufreizend über den Badewannenrand, mein Blick erhaschte ihre Reize, meine Leidenschaft stieg ins Unermessliche. Schnell war sie entkleidet, und ich folgte ihr ins Wasser. Sie begann sofort mit ihren Spielchen, ein echtes Talent. Sie hatte noch viele Tricks auf Lager, wie sie meine Leidenschaft und Ausdauer im Liebesspiel entfachen konnte. Ich verbrachte die ganze Nacht bei ihr.

Justizanstalt Stein, Verhörzone, im Oktober 2022

„Sie sind ja mittlerweile hier in der Justizanstalt Stein sozusagen in Pension, seit einem Jahr. Welche Tätigkeit haben Sie davor im Gefängnis ausgeübt?“ „Ich war vierzehn Jahre lang Hausarbeiter.“ Ein Hausarbeiter ist für die alltäglichen Tätigkeiten zuständig, wie das Verteilen von Essen, Post oder Reinigungsarbeiten. Dementsprechend kommt man dabei viel herum im Gefängnis. „Da hatten Sie ja oft Kontakt zu anderen Insassen?“ frage ich nach. „Ja, und ich habe mich mit allen sehr gut verstanden. Und das ist immer noch so. Sowohl mit den Beamten komme ich gut aus, von ein paar Ausnahmen abgesehen, als auch mit den Mitgefangenen. Ich bin beliebt. Das steht auch in meinem Akt vermerkt. Je älter ich werde, desto mehr werde ich hier bedient. Das mag ich eigentlich gar nicht. Ich war immer einer, der selbst anpackt…“ „Sie werden bedient hier? Meinen Sie von den Insassen oder den Beamten?“ Josef F. lacht schallend auf: „Natürlich von den anderen Insassen, doch nicht von den Beamten! So was gibt's hier nicht, das wär' ja noch schöner!“ Jetzt muss ich selber schmunzeln über meine naive Frage. Auch Menschen, die so wie ich seit Jahrzehnten von außen mit der Welt des Gefängnisses konfrontiert sind, können sich nicht wirklich in die Erlebniswelt von Strafgefangenen hineinversetzen. Was es wirklich bedeutet, Werte wie Freiheit, Selbstbestimmung und wohl auch ein Stück Menschenwürde verloren zu haben. „Gibt es Insassen, zu denen Sie näheren Kontakt haben?“ frage ich weiter. „Mit dem Alfred U. verstehe ich mich recht gut. Da war doch erst kürzlich eine

Fernsehsendung über seinen Fall. Sowas von sensationslüstern, die können gar nicht genug bekommen, diese Journalisten. Pfui Teufel!" Der inzwischen 68-jährige Alfred U. ist ein ehemaliger Klient von mir. Er ist als sogenannter „Seekiller" in die Kriminalgeschichte eingegangen. Nachdem er mehr als dreißig Jahre wegen Gewalt- und Sexualdelikten in Haft gewesen war, hatte man ihn auf Bewährung entlassen. Schon nach zwei Jahren wurde er rückfällig: Er erdrosselte eine Prostituierte, zerstückelte ihre Leiche und versenkte Teile in den Neusiedlersee. Weitere Leichenteile wurden in seiner Tiefkühltruhe gefunden, wo er sie mit Rindfleisch faschiert eingefroren hatte, um „davon zu kosten", wie er sich ausdrückte. Im Jahr 2019 wurde er zu einer lebenslangen Freiheitsstrafe verurteilt und in eine Anstalt für geistig abnorme Rechtsbrecher eingewiesen. Er verbüßt seine Strafe in der Justizanstalt Stein, wo er als gelernter Drucker in der Anstaltsdruckerei arbeitet. Außerdem ist er begeisterter Hobby-Koch und hat mir bereits zwei selbst verfasste und in der Justizanstalt Stein gedruckte Kochbücher geschenkt. „Der Alfred U. treibt sich unentwegt in unserer Küche herum, um dort Unmengen von Schnitzeln zuzubereiten, und Mehlspeisen, ein Wahnsinn. Er fordert mich oft auf, ihm dabei zu helfen. Aber das ist mir gar nicht so recht. Ich will ja nicht fett werden. Ich habe immer auf meine Figur geschaut!" Im Rahmen des sogenannten Wohngruppenvollzugs verfügen die Insassen über eigene Küchenräume, in denen sie für sich selbst oder andere Insassen Speisen aus den eingekauften Zutaten zubereiten können. „Geht Ihnen die Tätigkeit als Hausarbeiter ab, weil Sie jetzt weniger herumkommen?" „Ja, einerseits geht mir die Arbeit ab. Andererseits bin ich aber auch froh, weil ich jetzt mehr auf mich schauen kann. Um fit und schlank zu bleiben, mache ich drei Mal am Tag Gymnastik, vor allem für die Beine." „Wie sieht Ihr Tagesablauf im Gefängnis aus?" „Ich stehe jeden Tag schon um fünf auf. Als erstes steht Körperwäsche am Programm. Dann beginne ich mit der Zubereitung eines ausgiebigen Frühstücks. Kaffee, Schinken, Eier, Butter, Buttermilch oder Topfen. Das Eiweiß ist ja wichtig in meinem Alter. Dazu Honig oder Marmelade. Derzeit genieße ich gerade eine hervorragende Orangenmarmelade. Für das Frühstück lasse ich mir ausgiebig Zeit, bis zu zwei Stunden. Ein richtiges Zeremoniell ist das. Dabei lese ich in Zeitschriften, die ich bestellt habe. Das, was mich interessiert, schneide ich heraus. Ich will ja informiert bleiben, und wenn ich aus dem Gefängnis komme, werde ich einige Sachen brauchen. Da ist es gut, wenn ich vorbereitet bin und alles beisammen habe. Anschließend kommt die körperliche Ertüchtigung durch Gymnastikübungen. Ich trainiere jetzt viel mehr als früher, als ich noch Hausarbeiter war." „Und was machen Sie sonst noch tagsüber?" „Hauptsächlich Schreiben. Derzeit geht es ein bisschen langsamer voran, aber acht Seiten habe ich auch schon wieder zusammen. Es ist interessant, wie da die Erinnerungen hochkommen an lange zurückliegende Ereignisse. Jetzt ist mir erst wieder bewusst geworden, wie oft ich in schwere, oft tödliche Arbeitsunfälle verwickelt gewesen bin. Wieviel Glück ich gehabt habe, dass mir nichts passiert ist. Ich erinnere mich noch, wie ein Arbeiter vor meinen Augen von einem Kran erschlagen worden ist. In Schwechat war das, wir haben dort einen Tankbehälter für vierzig Millionen Liter Öl aufgestellt. Der Arbeiter hat vergessen, die Herzklammern beim Kran anzuziehen, sodass das Seil abgerutscht und der Kran auf die rechte Seite geschwenkt ist. Ich bin rechtzeitig davon, aber der Ärmste wurde vom Kran erfasst. An einem anderen Tag hat es gleich zwei Tote gegeben. Bei einem Tankbehälter in der Lobau war das. Einer der Arbeiter, der am Vormittag noch lachend in die Arbeit geradelt war, wurde von einer abgerissenen Blechabdeckung regelrecht geköpft. So schnell kann es gehen… “ „Und jetzt führen Sie ein so ruhiges Leben“, bemerke ich, um das Gespräch in Fluss zu halten. „Ja, es ist im Prinzip jeden Tag das gleiche. Außer Mittwoch, da habe ich meine Psychotherapie. Ich bin ein bisschen ein Gärtner geworden, das beruhigt. Jetzt hat mir einer einen wunderschönen Weihnachtsstern geschenkt, ich hoffe er geht mir nicht ein. Wie der Zitronenbaum damals. Meine Zelle ist eh recht sonnig.“ „Und was ist mit dem Hofgang, Sie müssen doch auch an die frische Luft?“ „Nein, ich gehe nicht hinaus. Das ist mir zu gefährlich. Wer weiß, auf wen ich dort treffe. Ich habe ja ein großes Fenster, das ist Tag und Nacht offen. Ich gehe zum Fenster und hole tief Luft. Ich mache dabei richtige Atemübungen. Leider haben sie seit einiger Zeit genau unter meinem Fenster die Abfalleimer hingestellt. Im Sommer entwickelt sich unerträglicher Gestank, dann muss ich sie leider schließen.“ „Und was ist mit der Ausspeisung?“ Die Insassen haben einmal wöchentlich die Möglichkeit, das von ihnen verdiente Geld im Rahmen der „Ausspeisung“ für Waren des täglichen Bedarfs auszugeben. Das ist eine Art Einkaufszentrum im Gefängnis. In der Justizanstalt Stein befindet es sich in einem größeren Saal. Die Waren können jedoch nicht frei entnommen werden, sondern beim Personal bestellt werden. „Dort geh ich seit einem halben Jahr nicht mehr hin. Es ist mir zu mühselig geworden, das Runtergehen. Das macht jetzt ein anderer Insasse für mich, dem ich alles aufschreibe." Dann fügt er noch verschmitzt hinzu: „Die Damen vom Verkaufspersonal unten sind eh ein wenig enttäuscht, sie haben schon ein paar Mal nach mir gefragt: ‚Wo bleibt denn der Herr F.?'

Beim Reden ist die Zeit viel zu schnell vergangen, ich muss für heute Schluss machen. „Bitte richten Sie Herr U. Grüße von mir aus, und ich möchte mich für das zweite Kochbuch herzlich bedanken", bitte ich ihn zum Abschied. Er verspricht es und wünscht mir gute Heimfahrt.

Josef F.:

Im Herbst unternahm ich eine ausgedehnte Geschäftsreise zu meinen Kunden. Was niemand wissen durfte: Meine junge Geliebte begleitete mich. Einige Kunden dachten, sie sei meine Sekretärin und waren sehr von ihr angetan. Einer meinte gar, jetzt würde er noch öfter bei mir bestellen, um ihre schöne Stimme am Telefon zu hören. Wir unternahmen auch kleine Wanderungen in Wildparks oder besuchten gemeinsam Tanzveranstaltungen, bei denen ich wie immer keine besonders gute Figur machte. Aber jung und unbekümmert wie sie war, lachte sie ausgelassen über meine hilflosen Versuche. Und doch wurde die Affäre allmählich mühsam für mich. Ich wusste, dass es mit ihr schon aufgrund des großen Altersunterschieds keine Zukunft geben konnte und wünschte mir, dass sie bald einen passenden Partner finden würde. Jung, hübsch und temperamentvoll wie sie war, konnte das wohl kein Problem für sie sein. Am Ende unserer Reise fuhr ich sie nach Hause und wir vereinbarten, uns die nächsten Tage nicht zu sehen. Ich wollte auch für mich ausprobieren, ob ich es ohne sie schaffen würde. Und so endete diese Kurzzeit-Affäre, noch bevor sie richtig begonnen hatte.

Justizanstalt Stein, Verhörzone, im Oktober 2022

„Wenn Sie an Ihr früheres Leben in Freiheit denken, sehen Sie da Bilder?" frage ich Josef F. Er nickt: „Es sind bunte, lebendige Bilder. Ich sehe sie manchmal vor mir, bevor ich einschlafe. Oder nach dem Aufwachen, wenn ich am Wochenende noch ein bisschen liegen bleibe. Die staunenden Gesichter der Kinder, in deren Augen sich das Licht von Sternspritzern am Weihnachtsbaum spiegelt. Ich sehe sie durch den Schnee eines Wildparks stapfen, Rehe folgen uns, wir drehen uns um, um sie mit den mitgebrachten Maiskörnern zu füttern. Wenn ich die Augen geschlossen halte, glaube ich das feuchte Laub riechen zu können. Oder das Gezwitscher der Vögel im Wald zu hören. Hier, in dieser Welt aus Beton und Stahl, vermisse ich dies. Die einzigen Vögel sind die Tauben, deren Gurren ganz schön nerven kann. Aber ich beklage mich nicht, denn ich hatte ein sehr schönes, aufregendes Leben." „Und wie bewältigen Sie das Leben im Gefängnis? Ich meine, wie gehen Sie damit um, die Freiheit verloren zu haben?" frage ich weiter. „Wissen Sie, in den ersten Jahren war es sehr, sehr schlimm für mich.

Es hat sehr weh getan, die Freiheit verloren zu haben. Schon als Kind habe ich immer meine Freiheit geliebt, und Selbstbestimmung. Ich habe mich manchmal wie ein Indianer gefühlt. Und dann, als ich die Freiheit verloren habe, wie ein trauriger Indianer. Aber aufgegeben habe ich nie. Inzwischen habe ich gelernt, es so zu nehmen, wie es eben gekommen ist. Mein Leben war ja nie einfach gewesen, es hat immer Stolpersteine gegeben. Und trotzdem habe ich es mit Humor genommen. Mit dieser Einstellung habe ich mein gesamtes Leben bewältigt. Ich bin keiner, der sich unterkriegen lässt. Ich will alt werden. Aber nicht hier drin!"

Amstetten, im Oktober 2022

Ich musste ihn besuchen. Den Ort, an dem Josef F. sein Leben verbracht hat, zumindest den Großteil davon. Und der auch Schauplatz seiner Verbrechen war.

Amstetten ist eine beschauliche Bezirkshauptstadt im Mostviertel. Ein typisches Stück Niederösterreich, unweit der oberösterreichischen Grenze. Die Stadtbild wirkt kleinräumig und geordnet, etwas mehr als zwanzigtausend Einwohner bevölkern die aus unterschiedlichsten Epochen zusammengewürfelten Bauwerke. Historische Häuser mit mehreren Stockwerken säumen die Einkaufsstraßen, dazwischen viele Bauten aus der Nachkriegszeit.

Das Wohnhaus von Josef F. steht noch. Es hat nach einer Zwangsversteigerung einen neuen Besitzer gefunden. Als erste Maßnahme hat er die Kellerräume zubetoniert, danach das Haus aufwändig saniert und neue Wohnungen geschaffen. Sie sind gut vermietet, offenbar wird die zentrale Lage geschätzt.

Die dunkle Vergangenheit des Hauses scheint mit seinem Keller zugeschüttet worden zu sein. Ich betrachte die alten Fotos, die es noch im Urzustand zeigen. Architektur ist oft Ausdruck der Seele der Bewohner, sagen zumindest Architekten. Die Fassade: Grau, unauffällig, schmucklos. Bieder, aber auch abweisend und kalt. Ganz anders das Innere: Verbaut, verwinkelt, die Räume trennend statt verbindend. Damit spiegelt es die Widersprüchlichkeit des Menschen Josef F. wider: Äußerlich unnahbar und kühl, in seinem Inneren jedoch zerrieben durch einander widerstrebende, destruktive Kräfte.

***

Am Nachmittag besuche ich Josef F. in der Justizanstalt. Er wirkt wieder einmal in sich gekehrt und nachdenklich: „Obwohl alles schon so lange her ist, ist meine Frau immer noch in mir drin. Mehr als früher. Man wird mit dem Alter wohl empfindsamer. Ich mache mir Gedanken darüber, wie sie jetzt über alles denkt. Es wäre schön, wenn sie mich besuchen kommen würde. Ich finde, dass es an der Zeit wäre, über das Geschehene zu reden. Sozusagen reinen Tisch zu machen. Wir sind jetzt neunundsechzig Jahre verheiratet, das kann man doch nicht einfach so auslöschen!

Josef F.:

Das Leben, das ich führte, überstieg längst meine Kräfte. Ich spielte mit den Gedanken, alles auffliegen zu lassen und vor der Justiz ins Ausland zu fliehen. Ich stellte Nachforschungen darüber an, welche Länder keine Auslieferungsabkommen mit Österreich abgeschlossen hatten. Dort hätte ich Unterschlupf genommen. Ich hatte noch genügend finanzielle Mittel, um eine Zeit lang davon leben zu können. Einfach würde es trotzdem nicht werden. Die ganze Weltöffentlichkeit würde meine Tat als einzigartige Ungeheuerlichkeit einer Bestie hinstellen. Und was würde aus meiner Familie werden? Die Medienmeute würde Jagd auf sie machen, vielleicht würde sich das Jugendamt der Kinder bemächtigen? Letztlich würde meine ganze Familie in den Abgrund stürzen!

Meine Umgebung merkte mir meine innere Unruhe an. Ich war hektisch bei der Arbeit und wurde oft darauf angesprochen, dass ich abwesend wirken würde. In mir kreisten ständig die Gedanken auf der Suche nach einer Lösung der Situation. Doch ich fand keine.

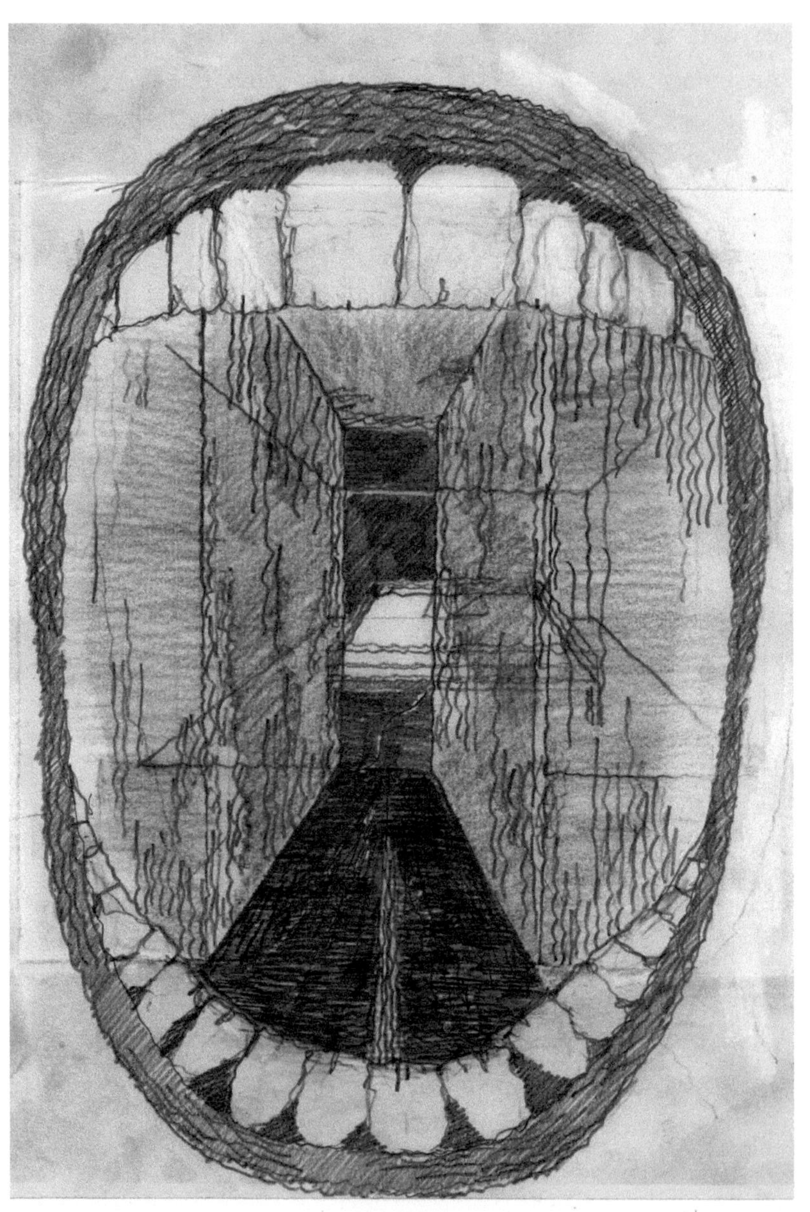

Justizanstalt Stein, Verhörzone, im Oktober 2022

„Stellen Sie sich vor, was diese Woche passiert ist! Da haben die mir doch glatt so ein Wagerl vor die Zellentüre gestellt. Aber nicht mit mir!" empört sich Josef F. Sein verschmitztes Lächeln verrät, dass er es nicht ganz so ernst nimmt. „Einen Rollator? Vielleicht nur eine reine Vorsorgemaßnahme der Justiz", bemerke ich. „Ja, aber nicht mit mir!" wiederholt er mit einer wegwerfenden Handbewegung und lacht. Ich muss ihm Recht geben. Josef F. ist mit bald neunzig nicht mehr der Agilste, doch er geht stabil und ist überhaupt für sein Alter sehr gut beisammen. Das liegt vielleicht an seinen Genen, ist aber zweifellos auch der Art und Weise geschuldet, wie er seinen Alltag gestaltet. Mit großer Disziplin nämlich: Täglich steht er um Punkt fünf Uhr morgens auf und macht Morgengymnastik. Er legt großen Wert darauf, sich körperlich fit zu halten. Er hat, wie er betont, einen „gesunden Schlaf" – „seitdem ich hier bin, habe ich keine einzige schlaflose Nacht gehabt!" – und ernährt sich gesund: „Viel Gemüse, wenig Fleisch. Ich züchte hier im Gefängnis Tomaten und Pfefferoni. Die Zitronen sind leider nichts geworden. Mehlspeisen, die sind halt meine große Schwäche. Ich kann zwar nicht kochen. Aber ein Omelett schaff ich schon. Und Apfelstrudel, Palatschinken, Kaiserschmarrn oder Buchteln. Alles Kalorienbomben, ich weiß…" Er lacht. „Aber ich habe mein Gewicht gehalten, das ist gar nicht so einfach hier im Gefängnis!" Womit er Recht hat, denn in der Haft muss man Disziplin haben, um nicht in einen langweiligen Trott des Nichtstuns zu verfallen. Außerdem wird in der Justizanstalt Stein gut und ausgiebig gekocht, wie ich von anderen Insassen weiß. Um sich auch geistig fit zu halten – „Ich weiß, wie wichtig das in meinem hohen Alter ist!“ – betätigt Josef F. sich schriftstellerisch. Derzeit arbeitet er an einem Manuskript über seinen Lebensweg, von der Kindheit über die Ausbildung bis zu der beachtlichen beruflichen Karriere, die er hingelegt hat. „Passen Sie auf Ihre Gesundheit auf“, erkläre ich ihm beim Abschied, und füge augenzwinkernd hinzu: „Übrigens habe ich es jetzt mit Insektennahrung probiert. Grillen, und Mehlwürmer. Das ist die Nahrung der Zukunft. Proteinreich und sehr gesund!“ Er lacht, und dann bricht es aus ihm heraus: „In Gottes Namen, nur ja nicht! So etwas hab ich in Thailand bekommen, war nicht meins! Dabei bin ich sonst aufgeschlossen, was Essen betrifft. In Afrika habe ich Fleisch gegessen, das sehr zart war. Über Nachfrage habe ich danach erfahren, dass es Rattenfleisch war.“

Josef F.:

Auch während der Weihnachtsfeiertage musste ich mich geschäftlichen Aufgaben widmen. Es war die Zeit, um den Schreibkram zu erledigen oder Skizzen für eine neue, teilautomatisierte Fertigungsanlage zu zeichnen. Ich saß oft bis spätabends im Büro. Als das Telefon läutete, hob ich widerwillig ab: Welcher Kunde mochte jetzt noch anrufen? Als ich ihre Stimme hörte, machte mein Herz einen Sprung: Es war meine junge Geliebte! Doch sie klang irgendwie bedrückt: „Hast du heute Abend Zeit, mit mir essen zu gehen? Ich würde dich so gerne wieder sehen...“ Ich willigte sofort ein, die Aussicht auf ein kleines Abenteuer mit ihr spornte mich an. Sie schlug vor, das Lokal für uns auszusuchen, und fügte hinzu: „Wir können dort auch übernachten, wenn du Lust hast. Ich habe Sehnsucht nach dir.“ Und ob hatte ich Lust. Ihre Stimme klang verführerisch, ich erahnte ihr Verlangen. Ich hatte in letzter Zeit genug Frust erlebt, etwas Abwechslung im Sexualleben würde mir guttun. Und ich sehnte mich nach einer intelligenten Gesprächspartnerin, die mir vielleicht neue Sichtweisen aufzeigen würde.

Wir hatten einen Treffpunkt am Bahnhof vereinbart. Aus der Ferne beobachtete ich, wie sie scheinbar den Fahrplan studierte. Da wurde sie von einem jungen Mann angesprochen. Sie ließ ihn mit einem freundlichen Lächeln abblitzen. Ich musste innerlich schmunzeln. Es erfüllte mich mit Stolz, dass er gegen mich, den wesentlich Älteren, offenbar keine Chance hatte. Ich trat aus meiner Deckung und begrüßte sie mit einem flüchtigen Kuss auf der Wange. Ich musste vorsichtig sein, es hätte uns jemand beobachten können. Wir stiegen in mein vor dem Bahnhof geparktes Auto und fuhren los. Während der Fahrt erzählte sie mir von der langweiligen Weihnachtsfeier bei ihr zuhause, und dass ihre Familie jetzt auf Schiurlaub gefahren sei. Sie hatte für uns ein elegantes Ausflugslokal ausgesucht. Wir speisten vorzüglich und konsumierten einiges an alkoholischen Getränken, die bald ihre Wirkung entfalteten. Natürlich hatte sie vorsorglich ein Doppelzimmer reserviert. Es wurde eine Nacht voller Leidenschaft. Sie schien sexuell völlig ausgehungert zu sein, und ich hatte Mühe sie zu bändigen.

Justizanstalt Stein, Verhörzone, im November 2022

„Stellen Sie sich vor, wer letztens da war. Meine Frau! Sie war in Begleitung ihrer Schwester, also meiner Schwägerin. Die beiden hatten lange Kleider an. Sie waren zum Fensterputzen gekommen, und standen auf einer Leiter…" „Wie bitte? Das ist doch gar nicht möglich, hier reinigen ja die Hausarbeiter, das wissen Sie ja…" werfe ich ein. „Ja, alle sagen, es sei nur ein Traum gewesen. Aber ich bin doch ein bodenständiger Mensch, kein Träumer! Ich habe meine Frau ganz real vor mir gesehen! Sie hat mich angelächelt und gesagt: ‚Seppl, meine Familie hat jetzt auch mich verstoßen.' ‚Ja, warum denn, Du warst doch immer für alle da, bist eine wunderbare Mutter!' Sie hat aber nichts mehr gesagt, sondern mich nur angelächelt. Ich hab einen traurigen Schimmer in ihren Augen gesehen. Das hat mich so berührt, ich muss seit Tagen immerzu daran denken." „Herr F., das haben Sie definitiv geträumt", stelle ich klar. „So ist das eben, wenn man einen Menschen tief verinnerlicht hat. Es kann dann vorkommen, dass sein Bild vor einem ganz real erscheint, auch wenn es nur ein Traum ist. Vielleicht liegt es aber auch daran, dass etwas in Ihnen arbeitet. Ihr schlechtes Gewissen vielleicht?"[10] Und wieder ist er da, dieser Blick aus seinen hellen Augen. Traurig, ratlos, fast verzweifelt.

[10] *Zur Klarstellung sei hier erwähnt, dass der von Josef F. geschilderte Besuch durch seine Gattin niemals stattgefunden hat. Vielmehr hat es sich tatsächlich um einen Traum gehandelt.*

Josef F.:

Während meines Urlaubs hatte sich ein Berg von Post und Anruflisten angesammelt, der jetzt abgearbeitet werden musste. Gleich in der Früh bereitete meine tüchtige Sekretärin mir einen kräftigen Mocca zu. So kräftig, dass er Tote zum Leben erweckt hätte! Dann ließ sie mich wissen, dass einige Kunden fuchsteufelswild auf mich warten würden, weil ihre Anlage schon seit zwei Wochen nicht funktionierte! Sofort eilte ich zum Schreibtisch, um alle der Reihe nach zurück zu rufen. Es wurde ein langer, mit Telefonaten und Schreibtischarbeiten ausgefüllter Tag. Morgen würde ich zahlreiche Kunden aufsuchen müssen, um die benötigten Ersatzteile zu liefern.

Abends war ich kurz weggefahren, um ein paar Besorgungen für meine Reise zu tätigen. Als ich in mein Büro zurückkehrte, erwartete mich eine Überraschung. Meine junge Geliebte war gekommen! Sie lungerte betont lasziv auf dem Bett und blätterte in einer Modezeitschrift. Als sie mich hörte, blickte sie verführerisch auf. Eigentlich hatte ich keine Lust auf Schäferstündchen, schon wegen der morgigen Geschäftsreise. Doch sie präsentierte ihre Figur wieder in ihrem kecken Baby Doll. Eine Versuchung, der kaum ein Mann widerstehen hätte können. Ich beeilte mich ins Bad, um gleich einmal ein Stück Viagra einzuwerfen. Für den Rest der Körperpflege ließ ich mir Zeit, damit die Wirkung der Pille sich einstellen konnte. Sie fackelte ja nie lange herum, sondern war immer schnell bei der Sache. Als ich ins Schlafzimmer zurückkam, hatte sie den Baby Doll schon ausgezogen. So müde konnte ich gar nicht sein, um nicht sofort in Fahrt zu kommen. Sicherheitshalber stellte ich mir den Wecker auf fünf Uhr. Es würde spät werden und ich brauchte dringend Schlaf, den ich heute Nacht aber kaum zu erwarten hatte.

Das schrille Läuten des Weckers schreckte mich aus meinem Tiefschlaf. Ich musste mich erst einmal orientieren. Ich rieb mir den Schlaf aus den Augen und sah mich um. Die Bettseite neben mir war leer. Ich sprang sofort auf und lief in die Küche. Da erblickte ich meine junge Geliebte, die mir gerade das Frühstück zubereitete.

***

Die Tour zu den Kunden verlief sehr erfolgreich. Die Marktlage war damals hervorragend, und viele Firmen erwarteten größere Aufträge, die sie mit ihrem derzeitigen Maschinenpark nicht bewältigen würden können. Wenigstens nahm mir das ein wenig vom Existenzdruck, unter dem ich ständig stand. Es gab sie, die Nächte, in denen ich schweißgebadet aufwachte und meine Existenzängste ein neuerliches Einschlafen verhinderten. Sollte ich alles auffliegen lassen? Doch um welchen Preis? Was mich betraf, so würde ich die Verantwortung selbstverständlich übernehmen und ins Gefängnis gehen. Aber die Folgen würden ja nicht nur mich betreffen, sondern die ganze Familie! Unruhig wälzte ich mich im Bett und malte mir allerlei Schreckensszenarien aus. Aus heutiger Sicht wäre es wohl klüger gewesen, aufzugeben und die Wahrheit ans Licht zu bringen. Aber es ist nun einmal ein Unterschied, ob man mitten in einer verzwickten Situation steckt oder sie rückblickend beurteilt.

Justizanstalt Stein, Verhörzone, im November 2022

„Rückblickend betrachtet, haben Sie Ihr Leben eigentlich als schön empfunden?“ Die Antwort kommt rasch und entschlossen: „Ja, es war schön, mein Leben. Und ich habe es genossen. Ich habe das Abenteuer geliebt, das Risiko, die Gefahr! Überall, wo ich war, musste ich die Berge erobern. In Tansania habe ich den Kilimandscharo bestiegen. Ein Wunder, dass ich nie abgestürzt bin. Wer weiß, wenn ich nicht ins Gefängnis gekommen wäre, vielleicht wäre ich längst auf einem Berg abgestürzt.“ Da ist er wieder, sein ganz spezieller, schwarzer Humor. Sein Talent, der schlimmsten Situation auch noch etwas Positives abzugewinnen. „Ich bin schon als junger Mann viel in der Welt herumgekommen“, fährt er fort. „Meine Arbeit beim Stahlkonzern hat mich bis nach Afrika geführt, wo ganze Landstriche mit Sendemasten bestückt worden sind. Ghana, Südafrika, Namibia, Kenia. Ich habe sehr viele schöne Erinnerungen an diese Zeit. Afrika hat eine ungeahnte Weite und Tiefe. Die Farben sind dort ganz anders. Die Natur hat ihren eigenen Klang, ihren eigenen Rhythmus auf diesem riesigen Kontinent. Ich habe die Wildtiere in freier Wildbahn erleben dürfen. Ich habe Krokodile gefüttert, hab das Spiel mit der Gefahr geliebt. Ganz nah habe ich hin gegriffen, und nicht nur einmal hätte eines fast meine Hand geschnappt. Einmal hat mich eines in den Finger gebissen. Das verwaiste Löwenbaby, das wir gerettet haben, ich sehe es noch vor mir. Sie müssen wissen, dass ich Tiere sehr gern habe. Man hat mich mehrmals zu überreden versucht, es mit der Jagd zu probieren, aber das habe ich immer abgelehnt. Ich könnte nie ein Tier erschießen, da würde mir vorher die Waffe aus der Hand fallen! Ich liebe Tiere, könnte nie grausam gegen sie sein.

Ja, ich bin durch meine Arbeit sehr viel herumgekommen. Indien, dort war ich zwei Mal, je fast ein Jahr lang. Der Stahlkonzern, für den ich arbeitete, hatte im Norden des Landes zwei große Baustellen, in Rourkela und in Allahabad. Von dort ist es nicht mehr weit zum Himalaya Gebirge. Mit ein paar gleichgesinnten Kollegen bin ich rund vierhundert Meter den Südhang des Mount Everest hinaufmarschiert. Indien hat mich sehr beeindruckt, ich möchte wieder hinfahren. Leider weiß ich nicht, was aus meinem dortigen Nachwuchs geworden ist..." „Sie haben auch in Indien Kinder gezeugt?" frage ich erstaunt nach. „Ja, drei Mädchen und zwei Buben. Ihre Mütter waren sehr arme, einheimische Frauen, denen ich eine Existenz verschafft habe. Ich habe in ein Geschäft investiert. Eine große Blechhütte errichtet, und dort haben sie dann Kleidung verkauft." Ich kann es noch immer nicht glauben, was er mir da erzählt. Ob es überhaupt seine Kinder sind? Egal, die armen Frauen mit ihren Kindern, sie haben ihm wohl viel gegeben. Das Gefühl, Verantwortung zu tragen, scheint ihm ganz besonders wichtig zu sein.

„Wenn es Ihnen so gefallen hat, warum haben Sie dann beim Stahlkonzern aufgehört?" wechsle ich das Thema. Die Antwort, die ich erhalte, beweist wieder die Widersprüchlichkeit des Josef F.: „Dieses Vagabundendasein konnte doch nicht so weitergehen. Durch das monatelange Unterwegs-Sein hatte ich überhaupt keine Zeit mehr für meine Familie! Eine Ehe, wo einer nie daheim ist, kann nicht gut gehen. Also habe ich gekündigt. Natürlich war ich nie arbeitslos, sondern hatte schon den nächsten, lukrativen Job in der Tasche. Bei einer Betonfirma in meinem Heimatort. Dort war ich Chef über dreihundertfünfzig Arbeiter."

„Was würden Sie anders machen, wenn Sie jetzt jung wären und am Anfang des Lebens stehen würden?" frage ich weiter. Josef F. überlegt nicht lange: „Ich hab immer eine große Familie haben wollen. Weil ich mich ja als Kind immer so schrecklich einsam gefühlt habe. Aber dann, als Vater, habe ich wohl vieles falsch gemacht. Ich war unnahbar, steif, fast kühl. In Wirklichkeit ist das von meiner Unsicherheit gekommen. Ich habe es ja nicht anders gekannt. Meine Mutter hatte nie etwas übrig gehabt für Zärtlichkeiten. Außerdem war ich ja kaum zu Hause. Ach, ich hab wohl vieles falsch gemacht…"

„Lassen wir die Vergangenheit, man kann sie ohnedies nicht ändern. Wie stellen Sie sich Ihr weiteres Leben vor, wenn Sie aus dem Gefängnis entlassen werden sollten?" Josef F. blickt mich unbekümmert an: „Ich würde wieder in meinen Heimatort ziehen, dort würde ich mir schon etwas finden. Ich habe doch so viel im Leben geschafft, ich würde auch diesen neuen Start schaffen. Ob Sie mir es glauben oder nicht, ich war zwei Mal Millionär im Leben, bevor ich wieder alles verloren habe. Ich bin ein Stehaufmännchen und habe mich jedes Mal wieder aufgerappelt." Ich versuche ihm zu erklären, dass er wohl Auflagen bekommen wird, und bis auf weiteres in einer betreuten Wohneinrichtung untergebracht würde. Er nickt beiläufig, es scheint ihn nicht besonders zu bekümmern. „Was geht Ihnen hier im Gefängnis am meisten ab?“ „Die Beziehung zu meiner Familie. Und die Berge! Sollte ich die Chance bekommen, das Gefängnis zu verlassen, werde ich in die Berge fahren und mich auf eine lange Wanderung begeben. Und reisen würde ich. Nach Ghana, Indien, Luxemburg.“ Josef F. hält kurz inne, als ob er in den Erinnerungen an die Stationen seines Lebens schwelgen würde, dann spricht er weiter: „Aber wissen Sie, wohin mein allererster Weg mich führen würde?“ fügt er dann hinzu. „Nein, wohin denn?“ „Zum Grab meiner Mutter“, klärt er mich auf. „Ich habe erst jetzt wieder die Grabgebühren verlängern lassen.“

Josef F.:

Und wieder zog ein Herbst zog ins Land. Gerade in den Monaten September und Oktober wurden die meisten Bestellungen ausgeliefert, und bei vielen Kunden musste ich bei der Montage vor Ort sein. Mitte November fiel unerwartet die Elektronik bei einer großen Betonrohrproduktionsmaschine in der Südsteiermark aus. Der Kunde gebärdete sich am Telefon völlig verzweifelt, und so blieb mir nichts Anderes übrig, als sofort hinzufahren. Ich kannte ihn als schwierig und nachtragend, ich durfte es mir mit ihm nicht verscherzen.

Als ich in der Südsteiermark ankam, lief mir schon der Betriebsinhaber keuchend entgegen und beschrieb mir auf dem Weg zur Anlage das technische Problem. Er hatte einen großen Auftrag angenommen und war nun durch den Ausfall in Lieferschwierigkeiten geraten, es drohte schon der Auftragsentzug! Nach einem Probelauf konnte ich rasch feststellen, wo der elektronische Fehler lag. Zum Glück hatte ich es schon zuvor geahnt und das richtige Ersatzbestandteil dabei, sodass das Problem rasch behoben werden konnte. Der Betriebsinhaber bedankte sich überschwänglich und befüllte meinen Kofferraum randvoll mit Kisten besten steirischen Weines. Seine Einladung zum Essen musste ich ablehnen, da ich schleunigst nach Hause wollte.

Während der Fahrt durch gebirgige Landschaften überkam mich eine böse Vorahnung. Draußen wurde es allmählich dunkel, und die Gedanken in mir immer düsterer. Ein banges Gefühl beschlich mich, das sich immer mehr steigerte, bis zur Panik. Während ich über die Autobahn raste und mehr und mehr meinem Zielort näher kam, spürte ich mein wild pochendes Herz.

Justizanstalt Stein, Verhörzone, im November 2022

Josef F. schildert die Geschehnisse in seinem Manuskript oft anders, als das Gericht sie später seiner Verurteilung zugrunde gelegt hat. Wenn es nach ihm geht, ist er im Grunde kein Verbrecher. Schon gar kein Mörder. Mich interessiert, weshalb er dann das Urteil, auch den Schuldspruch wegen Mordes, sofort angenommen hat. „Weil ich mich trotzdem schuldig fühle. Ich hätte die Situation beenden müssen. Doch ich war zu schwach. Ja, ich fühle mich schuldig. Deshalb habe ich das Urteil so hingenommen, wie es das Gericht über mich gefällt hat.“ Er blickt mich direkt an, mit seinen hellen Augen. Heute wirken sie stumpf, leblos, traurig. Liegt es an den bläulichen Schatten, den Furchen, die tiefer als sonst erscheinen? Ich habe den Eindruck, dass seine Trauer echt ist.

An diesem Morgen hatte es kräftig geregnet, doch als ich das Gefängnis verlasse, haben sich die Wolken gelichtet. Ich fahre durch die wunderschöne Landschaft der Wachau, deren spätherbstliche Farbenpracht im Sonnenlicht erstrahlt. Doch meine Gedanken kreisen um düstere Themen, das Gespräch vorhin wirkt nach. Als Strafverteidiger ist man immer wieder mit Bildern von Mordopfern konfrontiert. Der Ausdruck ihrer Gesichter ist oft grausam und lässt die Schrecken der letzten Lebenssekunden erahnen, manchmal wirkt er staunend, als ob der Tod sie überrascht hätte. Man härtet ab und blättert emotionslos weiter in den Akten, um dann wichtige Textstellen mit dem Marker anzustreichen oder sich Notizen für die Verteidigungsstrategie zu machen. Wenn es um Kinder geht, ist es anders. Der Anblick der kleinen, bläulich verfärbten, verkrümmten Körper lässt einen nicht so schnell los. An ihnen offenbart sich die scheinbare Sinnlosigkeit unseres Daseins. Es ist schwer zu ertragen, wenn kleine Menschen sterben, obwohl sie noch nicht einmal richtig zu leben begonnen haben.

Josef F.:

Gegen 22 Uhr begab ich mich in mein Büro, kontrollierte die Anfragen, unterschrieb alles wie von meiner Sekretärin vorbereitet und kümmerte mich um die Post. Das Kuvert war das letzte im Stapel, und es hatte keinen Absender. Dafür den Vermerk: „Für Josef persönlich". Ich öffnete und las: „Ich habe Sehnsucht nach dir …" Wehmut erfasste mich, auch ich hatte Sehnsucht nach meiner jungen Geliebten. Doch zur Zeit plagten mich wieder einmal düstere Gedanken, die mir meine Lust auf Liebe und Leidenschaft gründlich verdarben. Sie kreisten um mein dunkles Geheimnis, das nun schon seit Jahrzehnten unentdeckt war. Wohin würde das alles noch führen? Wie daraus herauskommen, ohne dass noch mehr Schaden entsteht? Zum ersten Mal in meinem Leben war ich so richtig ratlos. Das beklemmende Gefühl, keinen Ausweg zu finden, brachte mich fast um den Verstand.

Dabei brachte auch der Beruf, den ich ausübte, große Verantwortung mit sich. Er erforderte überlegtes Handeln mit kühlem Kopf, denn unsachgemäße Fehlerbehebung konnte zu lebensgefährlichen Gefahrensituationen führen. Rückblickend gesehen war es ein großes Glück, dass damals trotz meiner belastenden privaten Situation nichts passiert ist.

***

Plötzlich glaubte ich, die Lösung meines Problems gefunden zu haben: Ich musste mir ein Datum setzen. Ein Datum, an dem ich die bestehende Situation auflösen würde. Egal, was immer auch danach kommen würde! Ich war doch immer ein Mensch gewesen, der zu seiner Verantwortung gestanden war. Der sich nicht gescheut hatte, wichtige Entscheidungen zu treffen. Und jetzt stand eine Entscheidung von großer Tragweite an: Mein Doppelleben musste endlich ein Ende haben.

Justizanstalt Stein, Verhörzone, im November 2022

„Sie haben mir erzählt, dass Ihre Mutter sehr religiös gewesen sei und Sie jeden Sonntag in die Kirche mitgenommen habe. Und ich habe gelesen, dass Ihnen religiöse Riten wie die Taufe immer etwas bedeutet haben. Sind Sie gläubig?" Josef F. räuspert sich, bevor er mir seinen linken Daumen zeigt. Ich bemerke eine kleine Verletzung an der Kuppe, wo der Nagel ein bisschen abknickt. „Das hier erinnert mich an ein Erlebnis, das ich nie vergessen habe. Ich war sechzehn und Lehrling. Der Lehrherr hat mich zum Wickeln von Kupferdrähten eingeteilt. Dabei bin ich mit der Hand abgerutscht und mit dem Daumen in die Maschine geraten. Er wurde so tief gequetscht, dass ich fast das Bewusstsein verloren hatte und ins Unfallkrankenhaus gekommen bin. Dort hat man mich, wie es damals üblich war, mit Äther betäubt. Ich erinnere mich noch an das Bild eines riesigen, farbenprächtigen

Tunnels, der auf einen trichterförmigen Ausgang hinauslief. Alles war von harmonischen Klängen erfüllt. Erstaunt über all die Pracht bin ich stehen geblieben. Im selben Augenblick habe ich gespürt, wie jemand an meine Wangen schlägt und bin aufgewacht. Ich blickte in das Gesicht der Krankenschwester. Sie wirkte erleichtert: ‚Gott sei Dank sind Sie wieder da, ich tätschle schon die ganze Zeit rechts und links Ihr Gesicht. Ich hab schon befürchtet, dass Sie nicht mehr aufwachen!' Wer weiß, wohin mich mein Weg geführt hätte, wäre ich nicht stehen geblieben in diesem Tunnel. Doch es warteten auf mich wohl noch Aufgaben auf dieser Welt."

„Sie glauben also an eine überirdische Kraft?" frage ich ihn. „Die muss es wohl geben. Es muss doch so etwas wie eine Initialzündung für unsere Existenz gegeben haben. Im Grunde hängt alles mit Elektrotechnik zusammen." „Worin sehen Sie den Sinn des Lebens?" „Dass man das Beste draus macht. Dass man tätig und rege ist, so lange es geht. Ich habe immer sehr für meinen Beruf gelebt. Er hat mir sehr viel gegeben, die vielen Auslandsreisen und die technischen Herausforderungen auf den Baustellen haben mein Leben ausgefüllt. Und jetzt, im Gefängnis, versuche ich mich fit zu halten, denn ich will auf keinen Fall bettlägerig werden. Das ist halt das Blöde beim Altwerden, dass die Muskelkraft nachlässt… Aber ich fühle mich noch immer pumperlgesund! Wissen Sie, dass ich am liebsten noch ein Haus bauen würde? Mir ist schon klar, dass sich das wohl nicht mehr ergeben wird. Auf jeden Fall will ich aber wieder wandern gehen, wenn ich dazu die Chance bekomme. Ich möchte meinen Körper wieder langsam aufbauen, und dann auch weitere, schwierige Strecken in Angriff nehmen." „Das heißt also, dass Sie noch Träume haben?" „Auf jeden Fall habe ich noch Zukunftsträume. Und viele Pläne für mein weiteres Leben. Ich habe mir auch schon ausgemalt, wie es sein könnte, am Tag der Entlassung. Als erstes würde ich mir ein kühles Bier gönnen!"

In einem Wildpark im November 2022

Ich bin zufällig in der Gegend und beschließe spontan, hier zu einer einsamen Wanderung aufzubrechen. Im Manuskript habe ich gelesen, dass Josef F. gerne Ausflüge in Wildparks unternahm, sicherlich wird er auch diesen hier aufgesucht haben.

Es ist schon spätherbstlich kühl. Das Laub raschelt unter meinen Schritten. Der Alltagsstress fällt von mir ab. Ich halte kurz inne, um die frische, feuchte Luft des Waldes zu atmen. Der Himmel über mir ist wolkenverhangen, fast magisch schimmert er in verschiedenen Grautönen. Als ich die Augen schließe, steigen Traumbilder der letzten Nacht in mir auf. Zunächst nur schemenhaft, dann immer klarer werdend. Geheimnisvolle Nebelschwaden liegen über dem Waldboden. Die kahlen Äste zeichnen scharfe, grotesk anmutende Konturen. Die Stimmung ist von einer eigenartigen Stille. Kein Vogelgezwitscher, keine Naturgeräusche.

Allmählich beginnt es zu dämmern. Ich beschleunige meine Schritte, um vor Einbruch der Dunkelheit beim Parkplatz zu sein. Doch dieser Wald scheint kein Ende zu nehmen. Der Weg verengt sich zusehends, verschwindet schließlich in einem fast undurchdringlichen Dickicht. Die Erkenntnis gleicht einem stummen Begleiter, dessen man sich plötzlich gewahr wird, obwohl er schon immer neben einem herging: Etwas Böses lauert an diesem Ort. Ein eiskalter Lufthauch streicht meine Wange, kriecht in meinen Leib, gleich einem Vorboten nahenden Unheils. Jetzt ist es fast stockdunkel um mich, die Bäume nur noch schwarze Schatten. Da, sie scheinen sich zu bewegen, kommen bedrohlich auf mich zu! Lautes Knacksen durchbricht die Nacht. Der Boden unter mir hat nachgegeben, ich bin in eine tiefe Grube gestürzt. Eine Falle! Jemand hat ein tiefes Loch in die Erde gegraben und darüber Geäst gelegt.

Wie der Traum ausging, weiß ich nicht mehr, ich muss wohl aufgewacht sein. Gedankenverloren schlendere ich weiter, versuche mir selbst auf den Grund zu gehen. Die Assoziierung zu dem, was mich derzeit beschäftigt, liegt auf der Hand. Was ist es, das mich so für diese Geschichte einnimmt, das sie mich sogar in meinen Träumen verfolgt? Ist es dieses Konglomerat unterschiedlichster Wesenszüge, die den Hauptdarsteller auszeichnen? Zügellos und machtbesessen war er, dieser Josef F. Unverrückbar in seinen Einstellungen. Unerbittlich. Unbeugsam. Unverwüstlich. Vielleicht erinnert mich etwas an ihm an die „wilden Großväter" in meiner eigenen Familie? Einer meiner Urgroßväter, das weiß ich aus Erzählungen meiner Großmutter, war Flößer im Kärntner Drautal gewesen. Ein körperlich extrem harter, oft mit Lebensgefahr verbundener Beruf, bei dem das gefällte Holz flussabwärts getrieben wurde. Dieser Urgroßvater soll ein „wilder Hund" gewesen sein, und obendrein ein sogenannter „Hurenbock". Als er dann gestorben war, habe sich der Pfarrer beim Begräbnis über dessen unsittlichen Lebenswandel ausgelassen. Bis die Tochter des Verstorbenen aufgestanden sei und ausgerufen habe: „Jetzt ist's aber g'schimpft gnua, Herr Pfarrer. Jetzt tamma eahm eingrab'n!" Ich muss heute noch schmunzeln, wenn ich an diese Familienanekdote denke. „Wo bleibt dein Respekt vor der Obrigkeit!" wurde ich in jungen Jahren oft ermahnt. Vielleicht habe ich etwas in meinen Genen von jener Vorfahrin, die den Pfarrer in die Schranken gewiesen hat. Vielleicht liegt sie in unserer Familie, diese Unbeugsamkeit gegenüber der Obrigkeit. Ich habe sie mir bis heute bewahrt, auch wenn sie mir immer wieder Ärger einbringt. Am Ende, das habe ich gelernt, kommt man nur mit Beharrlichkeit ans Ziel. Respekt von Richtern oder Kollegen verschafft man sich nur durch Geradlinigkeit und Leistung, niemals durch klägliche Anbiederungsversuche. Freilich verlangt einem dieser Schlüssel zum Erfolg einiges an Fleiß, Einsatzbereitschaft und Disziplin ab.

Eigenschaften, die man Josef F. gewiss nicht absprechen kann.

Josef F.:

In den folgenden Jahren erwarb ich mehrere Immobilien, darunter auch ein großes Mietshaus mit 22 Wohnungen und einem Geschäftslokal im Erdgeschoß. Ich hatte mir damit einiges aufgehalst, da die Anschaffung natürlich eine Menge an Reparatur- und Sanierungsarbeiten mit sich brachte. Auch die Wertpapiere stiegen erfreulicherweise weiter an. Meine wirtschaftliche Situation war inzwischen so gefestigt, dass zumindest der Existenzdruck weggefallen war. All das waren gute Bedingungen für den von mir geplanten Ausstieg aus dem Doppelleben.

Justizanstalt Stein, Verhörzone, im November 2022

„Es ist bekannt, dass Insassen, die wegen Sexualdelikten verurteilt worden sind, von Mitgefangenen attackiert werden. Ist das Ihnen auch passiert?" „Ja. Es war in der Krankenabteilung. Ich war zur Blutabnahme dort. Plötzlich hat mir der Mann hinter mir in raschen Abständen heftige Schläge ins Genick verpasst. Der Beamte hat nur zugeschaut. Ich hab mich zur Seite gedreht, bin aber stehen geblieben. Ich habe ja meinen Stolz. Es war ein großer, kräftiger Mann, ein Tschetschene. Ich habe ihn nicht angezeigt. Ich will keinen Zores, sondern nur meine Ruhe. Ich habe natürlich gelernt, wie das hier im Gefängnis funktioniert, um sich möglichst keine Probleme einzuhandeln. Ich war noch Neuling und befand mich gerade im ZKM, als zwischen mehreren Leuten plötzlich eine Rauferei ausgebrochen ist. Ich war damals noch recht durchtrainiert und habe versucht, einzugreifen. Da ist sofort der Beamte dazwischen gegangen und hat mir erklärt: „Tu das nie wieder!" Zur Erläuterung: „ZKM" ist in der Justizanstalt Stein die Abkürzung für „Zentrales Kleidermagazin". In diesem Bereich werden die persönlichen Depositen der Insassen gelagert, zum Beispiel Kleidung oder Bargeld, weshalb man ihn daher auch als „Depositenstelle" bezeichnet. Sie ist nicht allgemein für Insassen zugänglich. Wenn ein Insasse dort etwas lagern oder abholen will, muss er erst einen entsprechenden Antrag an die Anstaltsleitung stellen.

Ein paar Tage später treffe ich zufällig auf meinen ehemaligen Klienten Wilfried W., der bis zum Jahr 2012 Insasse der Justizanstalt Stein war. Ich frage ihn nach Josef F. „Als normaler Insasse hatte man so gut wie keinen Zugang zu ihm", erklärt er mir. „Ich habe ihn ein paar Mal vom Fenster aus im Hof gesehen. Er hat dort alleine seine Runden gedreht, lediglich begleitet von drei Justizwachebeamten. Zu seiner eigenen Sicherheit ist er unter Sonderbewachung gestanden. Bei all seinen Wegen im Gefängnis, auch zum Duschen. Das war damals ein ziemlicher Aufruhr, als er in Stein eingeliefert wurde. Sein Fall hat auch unter uns Häftlingen Wellen geschlagen, und es hat einige gegeben die sich zugeraunt haben: Wenn ich auf das Kellermonster treffe, brech' ich dem alle Knochen."

Josef F.:

Inzwischen hatte wieder ein Frühling Einzug gehalten. Meine stets so verlässliche Sekretärin hatte kürzlich gekündigt, da ihr eine krisenfeste Anstellung als Beamtin angeboten worden war. Das gefiel mir gar nicht, doch ich musste nun mal in den sauren Apfel beißen. Andererseits war ich jetzt auch schon über sechzig und dachte daran, beruflich ein wenig kürzer zu treten. Alle begrüßten diese Entscheidung, endlich würde ich mehr Zeit für die Familie haben. Und für mich selbst, so hoffte ich. Ich nahm wieder an Bergwanderungen und kleinen Klettertouren teil, machte Ausflüge mit den Kindern und besuchte mit ihnen Jahrmärkte. Zur Freude aller fasste ich den Plan, im Garten einen großen Swimmingpool zu errichten. „Du bist jetzt viel ausgeglichener", wurde ich gelobt. Und: „Das Alter hat Dich offenbar zufrieden und glücklich gemacht!" Wie ahnungslos sie doch waren.

Justizanstalt Stein, Verhörzone, im November 2022

Josef F. ist mit vielem, was die Medien über ihn berichtet haben, nicht einverstanden. In manchem hat er sogar Recht. Die Medien schreiben voneinander ab, es bilden sich Legenden, die ungeprüft weiterverbreitet werden. Manche sprechen inzwischen vom „postfaktischem Zeitalter", in dem es längst nicht mehr auf den Wahrheitsgehalt, sondern den Effekt einer Nachricht auf den Medienkonsumenten ankommt. Die Medienvielfalt hat etwas Gutes, doch man muss mit ihr auch umgehen können, indem man nicht alles glaubt, was verbreitet wird. Das betrifft etwa das in keiner Weise untermauerte Gerücht, dass Josef F. auch seine eigene, alte Mutter jahrelang bis zu ihrem Tod eingesperrt hätte.

Trotzdem habe ich nicht den Eindruck, dass Josef F. unter der öffentlichen Verurteilung seiner Person als „Kellermonster" besonders leiden würde. Er scheint sich eingelebt zu haben in der Justizanstalt Stein, wohin er nach seiner Verurteilung eingeliefert wurde und nun schon viele Jahre lebt. Er kommt gut mit den Beamten aus. Alle seien freundlich, er sei ein „beliebter Insasse": „Ich bin zu allen nett und höflich, und das wird geschätzt."

Mich interessiert, ob sich seine Einstellung zu Straftätern geändert hat, seitdem er in Haft ist. Zum Beispiel zu Mördern. „Hier sitzen ja viele Menschen ein, die getötet haben…" beginne ich meinen Satz. „Unvorstellbar für mich!" unterbricht er mich. „Niemals könnte ich jemanden töten. Schon gar nicht das eigene Fleisch und Blut." Nein, mit Mördern und Totschlägern will Josef F. nicht auf eine Stufe gestellt werden.

***

Am nächsten Tag besuche ich einen Klienten in der Justizanstalt Wien-Josefstadt. Er hat seine Frau mit bloßen Händen erwürgt und ist wegen Mordes angeklagt. Sie hatte Krebs, in hoffnungslosem Stadium. Er wollte ihr bis zum Ende ein menschenwürdiges Dasein ermöglichen. Bis er den Druck, den Schmerz und das Leid nicht mehr ertrug und er sich zu dem Ungeheuerlichen hinreißen ließ. Ich werde ihn demnächst vor Gericht verteidigen, und ich habe mir schon Notizen für mein Eröffnungsplädoyer gemacht. Es wird mit den Worten beginnen: „Das Leben hat viel mehr Facetten, als es Paragraphen geben kann." Ein weiser Satz, den ich auch auf meine Homepage gestellt habe. Als Strafverteidiger sieht man sich immer wieder mit Fällen konfrontiert, die altbewährte Ansichten und festgefahrene Positionen in Frage stellen. Man lernt, über den „juristischen Tellerrand" zu blicken.

Nein, man muss kein schlechter Mensch sein, wenn man getötet hat. Und man ist auch kein Guter, nur weil man unbescholten durchs Leben kommt.

Josef F.:

Im folgenden Sommer wurde endlich mein neuer Swimmingpool im Garten fertiggestellt. Das Schwimmbecken maß acht mal vier Meter und war 1,7 Meter tief. Es hatte eine bewegliche Überdachung mit angebauten Duschen, WCs und Umkleidekabinen. Es sah fantastisch aus. Ich veranstaltete eine große Ein-

weihungsparty mit vielen Gästen und ihren Kindern. Es wurde ein strahlendes Fest bei Sonnenschein und wolkenlosem Himmel. Ich hatte köstliche Eisspezialitäten organisiert, die reißenden Absatz fanden. Die Gäste tummelten sich begeistert im großen Schwimmbecken, fast wäre das Wasser übergegangen, und auch der Garten war fast zu klein für die vielen fröhlich lachenden Menschen.

In meinem Anwaltsbüro im November 2022

Kinder. Immer wieder lese ich von ihnen in seinem Manuskript. Wie sie ihm freudig entgegenlaufen, er sie in die Arme nimmt und hochhebt. Wie sie ihn mit ihren Spielen necken. Wie sie sich vor ihm verstecken, und es ein großes Gelächter gibt, wenn er sie entdeckt hat. Wie er zu Ostern Eier und Schoko-Hasen in Nester versteckt: „Jedes Mal, wenn sie ein Nest gefunden hatten, gab es einen entzückenden Aufschrei! Ich konnte mich nicht satt sehen am Anblick ihrer glücklichen Gesichter." Über den Moment, als er einen blauen Wellensittich aus dem Käfig flattern lässt: „Da blieb ihnen vor Staunen der Mund offen, und ich wusste, dass ich das richtige Geschenk ausgesucht hatte." Über die leuchtenden Augen der Kinder vor dem Weihnachtsbaum. Bilder, die in keiner Weise vereinbar mit den schrecklichen Geschehnissen sind. Doch sie zeigen, dass auch in Josef F. Sehnsüchte nach Harmonie, Frieden und Liebe schlummerten. Doch seine negativen Persönlichkeitsanteile, allen voran sein desaströser Kontrollwahn, waren übermächtig und bestimmten seinen Lebensweg, mit all den verheerenden Konsequenzen.

Josef F.:

Und wieder zog ein Herbst ins Land. Eine Jahreszeit, die auch allerlei Arbeiten in Haus und Garten mit sich bringt. Wir hatten einen kleinen Teich angelegt, in dem sich bunt schillernde Goldfische tummelten. Ich musste sie jetzt einfangen, das Wasser abpumpen und dann den Teichgrund säubern. Mit dem Schlamm wurden unsere Ribisel-, Himbeer- und Brombeerstauden gegossen. Dann mussten die Seerosen gestutzt werden. Wenn alles gesäubert war, befüllte ich den Teich wieder mit Wasser und ließ die Fische hinein.

Und so verlief mein Leben in ruhigen Bahnen. Eine trügerische Ruhe, wie sich bald herausstellen sollte.

Justizanstalt Stein, Verhörzone, im November 2022

Josef F. sitzt heute im Trainingsanzug und hochgezogenen Schultern vor mir. Er wirkt bedrückt. „Ich hatte einen schrecklichen Alptraum. Ich lag im Bett. Es stand in einem Raum, der fast genauso wie meine Zelle ausgesehen hat. Aber nur fast. Da waren kleine Details, an denen ich erkannt habe: Ich bin ja ganz woanders! Die Kaffeemaschine hatte einen anderen Farbton, und sie war kleiner. Der Wandkalender hing verkehrt. Die Sachen am Schreibtisch waren anders angeordnet. Es war, als ob jemand bewusst alles nachgebaut hätte, und dass ihm dabei kleine Fehler unterlaufen sind. Als ob ein böser, raffinierten Plan dahintersteckt. Was haben die mit mir vor, ist mir eingeschossen. Panik ist in mir hochgekrochen…“ Er ist so fertig, dass ich mir wirklich Sorgen mache. „Schauen Sie bitte auf sich“, rate ich ihm. „Sie können ja gut formulieren. Schreiben Sie über das, was Sie bedrückt. Schreiben Sie es sich von der Seele.“

Er schaut mich lange und ernst an. „Welches Ereignis in Ihrem Leben hat Sie am meisten berührt?“ frage ich in sein Schweigen hinein. „Dieses Ereignis war erst, als ich schon in Haft war. Es war der Tod meines erwachsenen Sohnes. Er hat mir ähnlich geschaut, aber nur äußerlich. Groß und stattlich war er. Aber er war empfindsam. Als meine Taten aufgedeckt wurden, hat er sich das wohl sehr zu Herzen genommen. Eines Tages habe ich dann erfahren, dass er gestorben ist. Er war erst fünfunddreißig. Es tut noch immer so weh, ich darf gar nicht darüber reden…“ Seine Stimme versagt. Das leichte Zucken in seinen Augen verrät, wie aufgewühlt er ist. „Wir alle haben unsere seelischen Wunden“, sage ich schließlich. „Es ist nicht leicht, da näher hinzuschauen. Aber es tut doch gut, sich etwas von der Seele reden zu können.“

An diesem Vormittag hätte ich mich gerne länger mit Josef F. unterhalten. Er wirkte anders als sonst. Erstmals habe ich sie gespürt. Die tief in seinem Inneren verborgene, verletzte Seele.

In meinem Anwaltsbüro im November 2022

Es ist ein Freitagnachmittag, als wieder einmal eine Nummer mit Grazer Vorwahl auf dem Display meines Handys erscheint. Es ist mein ehemaliger Klient Alfred U.: „Ich muss Ihnen etwas berichten, das Sie wissen sollten. Den Herrn Josef F. haben sie heute mit dem Rollstuhl an meiner Zelle vorbei auf die Krankenstation geführt. Näheres weiß ich leider nicht!" Erkrankte Insassen werden in der Justizanstalt Stein im Krankentrakt ambulant behandelt oder auch, falls notwendig, stationär aufgenommen. Die Fachärzte ordinieren dort tageweise, größere Eingriffe finden freilich nicht statt. Im Falle einer notwendigen Operation wird der Insasse vielmehr in das nahe gelegene Landesklinikum Krems überführt, wo er in der geschlossenen Abteilung, auch Inquisitenspital genannt, untergebracht wird. Ich hoffe nicht, dass das bei Josef F. notwendig sein wird! Während ich noch darüber nachdenke, ist Herr U. längst bei einem anderen Thema. Er äußert seinen Unmut über einen reißerisch gestalteten Fernsehbeitrag über seinen eigenen Fall, der offenbar von wenige Wochen über die Bildschirme flimmerte. „‚Sex sells', Sie wissen das ja", bemerke ich beschwichtigend und bedanke mich für seine wichtige Information in Bezug auf Josef F.

Justizanstalt Stein, Verhörzone, im November 2022

Josef F. wirkt an diesem Donnerstagmorgen wohlbehalten und ist guter Dinge. „Mir war ein bisschen unwohl, und ich war unsicher auf den Beinen. Auf der Krankenstation haben die mich drei Tage auf Herz und Nieren untersucht. Mir wurde attestiert, dass ich bei bester Gesundheit bin. Ich muss aber unbedingt mehr trinken…" „Wasser natürlich", werfe ich schmunzelnd ein. Er lacht: „Alkohol gibt's eh keinen da!" Dann erzählt er weiter von seinem Aufenthalt auf der Krankenstation: „Einer der Justizwachebeamten, die dort Dienst versehen, hat denselben Nachnamen wie eine liebe Bewohnerin unseres Hauses in der Kindheit. Ich habe das als gutes Omen gesehen, denn die Mitzi hat mir drei Mal das Leben gerettet." „Inwiefern?" „Beim ersten Mal war ich vier und bin in einem großen Becken geschwommen, als ein russischer Soldat eine Handgranate hineingeworfen hat! Die Mitzi ist sofort ins Wasser gesprungen, hat mich gepackt und herausgezogen, und dann ist die Granate explodiert. Ein paar Wochen später wäre ich schon wieder fast gestorben: Ich bin schreiend und vor Schmerzen gekrümmt am Boden gelegen, als die Mitzi erschrocken in unsere Wohnung gelaufen ist. Sie hat mich ins Spital gebracht, wo man mir den Magen ausgepumpt hat. Lebensmittelvergiftung! Wissen Sie, wir haben ja sparen müssen, und so haben meine Mama und ich die ganze Woche lang nichts anderes als Knacker gegessen. Als der Vorrat zur Neige ging, waren ein paar von denen halt schon verschimmelt… Tja, und dann hat die Mitzi mir noch einmal das Leben gerettet. Da war ich schon sieben.

Ich hab plötzlich hohes Fieber bekommen. Meine Mama hat das nicht so ernst genommen. Die Mitzi hat dafür gesorgt, dass ich noch rechtzeitig ins Spital gekommen bin. Dort hat man eine Vorhautverengung festgestellt. Ich bin sofort operiert worden."

„Sie sollen ja auch einmal einer Frau das Leben gerettet haben", werfe ich ein. Tatsächlich hatte ich irgendwo darüber gelesen und wollte ihn dazu schon längst einmal befragen. „So ist es. Das war bei uns in Amstetten. Ich habe gesehen, wie pechschwarzer Qualm aus einem Fenster gequollen ist und bin sofort mit einem Nachbarn hinein. Die Frau ist leblos am Boden gelegen, neben ihr das brennende Bügelbrett! Wir haben sie schleunigst herausgezogen, und dann habe ich sofort mit der Mund-zu-Mund-Beatmung begonnen. Sie hat überlebt. Aber mir hat ganz schön gegraust, weil sie so nach Alkohol gerochen hat…"

Josef F.:

Im August 2006 waren die Medien plötzlich voller Schlagzeilen über ein junges Mädchen: Es war in einem niederösterreichischen Ort aus dem Haus ihres Entführers, der sie dort acht Jahre lang gefangen gehalten hatte, geflohen. In Anbetracht meiner eigenen Situation berührten mich die Geschehnisse. Ich begann, mich gedanklich immer konkreter mit möglichen Ausstiegsszenarien zu beschäftigen. Ich beruhigte mich selbst. Wenn es soweit sein sollte, würde ich mir einen guten Verteidiger suchen und sicherlich mit einer milden Strafe davonkommen.

Justizanstalt Stein, Verhörzone, im November 2022

Der berühmte Entführungsfall rund um Natascha Kampusch war rund zwei Jahre vor der Verhaftung von Josef F. aufgedeckt worden: Wolfgang Priklopil hatte das erst sechsjährige Mädchen entführt und zu seiner „Traumfrau“ formen wollen. Einer unterwürfigen Lebenspartnerin, die ihm alle Wünsche von den Augen ablesen würde. Ich beschließe, Josef F. auf den Fall anzusprechen: „Was halten Sie von der Natascha Kampusch?“ Seine Augen blitzen auf: „Eine tolle Frau! Was die alles durchgemacht hat, und trotzdem hat er sie nicht brechen können. Respekt. Es ist beschämend, wie sie in diesem Land von manchen angefeindet wird.“ „Haben Sie die damaligen Ereignisse verfolgt?“ „Ja natürlich, das war ja ein Riesenfall. Zeitungen, Fernsehen, alles war voll davon. Freilich hat mich das in meiner Situation nachdenklich gestimmt. Eines habe ich aber immer gewusst: Umbringen würde ich mich nie, so wie der Entführer von der Kampusch. Dafür hänge ich viel zu sehr am Leben. Der Herrgott wird schon wissen, wann meine Zeit gekommen ist.“

Josef F.:

Der Winter zog mit eisiger Kälte ins Land. Inzwischen widmete ich mich wegen meiner neu gewonnenen Freizeit wieder vermehrt Wintersportarten wie Schifahren, Eislaufen und Schlittenfahrten. Ich liebe den Winter, weil er die bewaldete Umgebung rund um meinen Heimatort in eine Zauberwelt aus Eis und Schnee verwandelt. Ein neues Gefühl der Wehmut ergriff immer mehr von mir Besitz. Ich spürte, dass all das, was ich jetzt erlebte, ein Ablaufdatum hatte. Das Ende meines Doppellebens rückte näher und näher. Für mich würde es strafrechtliche Konsequenzen nach sich ziehen. Ich würde ins Gefängnis gehen, daran bestand kein Zweifel. Ich grübelte viel und fraß meine Sorgen in mich hinein. Weit und breit gab es niemanden, dem ich mich anvertrauen hätte können.

Justizanstalt Stein, Verhörzone, im Dezember 2022

Er begrüßt mich wie immer freundlich, heute wirkt er besonders gut gelaunt. Er trägt einen cremefarbenen Wollpullover, immerhin haben wir schon November. Nachdem wir uns gesetzt haben, fixiert er mich mit seinen wachen, hellgrauen Augen und beginnt zu erzählen: „Dieser Traum war wieder da. Mir wurde halt gesagt, dass es nur ein Traum gewesen sein kann. Aber es war alles so real! Es war Nacht, und plötzlich bin ich aufgewacht. Ich lag im Bett und habe auf die Uhr geschaut, sie zeigte halb neun. Ich habe mich umgesehen und festgestellt, dass ich gar nicht in meiner eigenen Zelle bin. Sondern in einer Art zellenähnlichen Konstruktion! Sie hat meiner eigenen Zelle täuschend ähnlich geschaut, aber mit kleinen Abweichungen. Und dann hat es begonnen. Die Wände sind hochgezogen worden, und um mich herum hat sich eine riesige, einmalige, farbenfrohe Show entwickelt. Plötzlich ist der Schlagersänger Roland Kaiser erschienen und hat seine kräftige, männliche Stimme erhoben. Es ging um mich, um meinen Fall, er hat ihn sozusagen gesangmäßig verarbeitet! Wie bei einem Musical! Bei einem Seitenfenster haben ein paar junge Leute hereingeschaut: ‚Der schaut ja gar nicht so schiach aus', hat eine junge Frau gesagt und auf mich gezeigt. ‚Dirnderl, vor mir brauchst dich nicht zu fürchten' habe ich gelacht. Die Stimme vom Roland Kaiser war raumfüllend, es war sehr beeindruckend. Das ganze Spektakel hat bis zwei Uhr früh gedauert. Ich hätte jederzeit aufstehen und fliehen können. Zwischendurch habe ich nach dem Nachtwächter gerufen: ‚Ich fühle mich gefährdet hier!' Aber niemand ist gekommen." „Also ich bin mir sicher, dass es ein seltsamer Traum war. Vielleicht sind Sie beim Fernsehen eingeschlafen, als die Sendung ‚Schlagerkarussell' lief? Vielleicht verarbeiten Sie auf diese Weise Ihre Erlebnisse? Meinen Sie nicht, dass Sie eine Schramme davongetragen haben, so wie Sie gelebt haben? Das jahrzehntelange Doppelleben, dann das Medienspektakel, der Sensationsprozess… Das kann man ja nicht einfach so wegstecken!" Josef F. winkt ab: „Na, die Psychiater haben ja eh alles Mögliche diagnostiziert bei mir. Die werden's schon wissen. Ich finde es gut, dass ich hier eine Therapie bekomme. Aber wissen

Sie, ich habe einen Verdacht: Die wollen hier einen Film drehen über mich und mein Leben!“

Josef F.:

Ich spürte, dass es mein letztes Silvester in Freiheit sein würde. Die Menschen um mich wirkten gelöst und glücklich. Ich lauschte höflichkeitshalber ihren Erzählungen, doch in meinen Gedanken war ich ganz woanders. Meine Vorsätze fürs neue Jahr behielt ich für mich: Menschen, die mir wichtig sind, ein letztes Mal besuchen. Meine persönlichen und geschäftlichen Dinge regeln. Mein Testament beim Notar hinterlegen.

In den folgenden Monaten zog ich mich zu einsamen Wanderungen in den Wäldern zurück. Niemand ahnte, was in meinem Inneren vorging. Man würde es früh genug erfahren.

In meinem Anwaltsbüro im Dezember 2022

Heute habe ich das Manuskript fertiggelesen. Ich lege die Mappe beiseite und schließe meine Augen. Gedanken und Bilder durchströmen mein Gehirn. Die Fragen der wenigen Menschen, die in mein Projekt, ein Buch über diesen Fall zu schreiben, eingeweiht sind: „Es ist eines der schrecklisten Verbrechen des Jahrhunderts. Was macht das mit Dir?" Als Strafverteidigerin bin ich es seit Jahrzehnten gewöhnt, in Abgründe zu blicken. Diesem Abgrund haftet jedoch etwas an, das mich nicht loslassen will. Ein düsterer, schmaler Raum erscheint vor meinem geistigen Auge. Es riecht nach Moder. Ich bekomme keine Luft. Ich schreite weiter durch enge Gänge. Was war das? Ich halte kurz inne, um das leise, scharrende Geräusch zu orten. Da, ein kleiner Schatten in einer Ecke, etwas Schwarzes huscht heraus und verschwindet gleich wieder. Eine Ratte? Im Halbdunkel kann ich nichts erkennen. Rasch gehe ich weiter. Das beklemmende Gefühl wird immer stärker, Panik macht sich in mir breit: Hat dieser enge Gang ein Ende? Im selben Moment ertaste ich die hinter einer offenen Stellage raffiniert versteckte Türe. Ich stürze mich darauf, rüttle heftig daran, Bretter fallen krachend zu Boden. Plötzlich springt sie auf. Ich sehe eine Wendeltreppe vor mir und, ganz oben, einen hellen Schlitz, aus dem Tageslicht zu dringen scheint. Ich stürme die Stufen hinauf, es wird heller, dann stehe ich wieder vor einer hölzernen Türe. Ich drücke dagegen, bis sie knarrend aufgeht. Jetzt bin ich in einem großen Garten. Vogelgezwitscher. Ich spüre die frische Brise auf meiner Haut, wende mein Gesicht in die wärmende Sonne, atme den Duft von Gras und Bäumen. Es ist alles so intensiv, als ob ich Jahrzehnte in einem Keller verbracht hätte und in diesem Augenblick wieder zum Leben erwacht wäre. „Pieps-Pieps". Mein Handy-Signalton hat mich soeben geweckt. Ich blicke aufs Display. Nur wenige Minuten war ich eingenickt, doch die Traumbilder haben mich mit ihrer unvergleichlichen Kraft in den Bann gezogen.[11]

Josef F.:

Wenn ich es gewollt hätte, hätte ich in dieser letzten Woche jederzeit fliehen können. Es war genug Geld da, das ich abheben hätte können. Ich wusste auch jemanden im Ausland, bei dem ich untertauchen hätte können. Doch ich wollte auch in dieser Situation zu meiner Verantwortung stehen. Mich nicht feige davonstehlen, denn ich war ja schließlich für all dieses Unheil verantwortlich.

Ich spürte, dass es ein Abschied für immer sein würde und flüsterte: „Lebt wohl und kämpft. Das Leben ist lebenswert." Als sich die Schiebetür nach draußen öffnete, erblickte ich die hinter den Säulen der Halle positionierten Beamten der Kriminalpolizei. Sofort waren wir von ihnen umringt. Sie schoben mich zur Seite, einer zeigte mir seine Dienstmarke.

[11] *Es wird nachdrücklich darauf hingewiesen, dass es sich hier um einen Traum ohne Bezug zu einem realen Ort gehandelt hat.*

Ich wollte es rasch hinter mich bringen und drängte zum Aufbruch. Handschellen klickten. Es war vorbei.

Die Einvernahme begann mit den Standardfloskeln. „Sie haben das Recht, die Aussage zu verweigern und einen Verteidiger beizuziehen."

Justizanstalt Stein, Verhörzone, im Dezember 2022

„Erinnern Sie sich noch an Ihre Verhaftung?" frage ich Josef F. „Und ob. Die Beamten haben mich ja stundenlang verhört. Nach zwei Tagen hat man mich dann aus der Polizeistation ins Landesgericht verfrachtet. Besser gesagt geschmuggelt! Vom Wagen aus habe ich eine Wiese gesehen, die nicht grün, sondern schwarz war. Übersät von Reportern! Sie sind uns gefolgt mit ihren Kameras. Und erst die Verhandlung: Ein riesiges Trara! Der Wagen der Justizwache, in dem ich gesessen bin, hat ein paar Mal um das Gerichtsgebäude fahren müssen, weil der ganze Platz von den Bussen der Reporter verstellt war. Ich bin den Beamten heute noch dankbar, dass sie mich so gut beschützt haben. Sie haben eine regelrechte Kette um mich gebildet, damit niemand durchkommen kann.

Josef F.:

Es war längst nicht alles so, wie es in den Medien dargestellt wurde. Sie haben Millionen mit meiner Geschichte verdient und mich mit Schmutzkübeln überworfen. Doch obwohl ich als „Kellermonster" abgestempelt wurde, hat es Menschen gegeben, die sich nicht beirren haben lassen. Ich habe hunderte Briefe aus aller Welt erhalten, in denen mir Mut zugesprochen und Unterstützung angeboten wurde.

Justizanstalt Stein, Verhörzone, im Dezember 2022

„In den Medien hat man oft gelesen, dass Sie so viel Fanpost bekommen. Vor allem von Frauen. Stimmt das?" „Ja, Unmengen! Vor allem am Anfang war das so. Die vielen Briefe liegen jetzt alle im Depot, man hat sie mir gar nicht mehr ausgehändigt. Eine Frau aus Oberösterreich hat mir lange Zeit geschrieben. Sie lebte in der Nähe des Wohnortes meiner ältesten Tochter. Lauter Liebesbriefe hab ich von der bekommen, mit Zeilen wie „ich küsse dich jeden Tag" und so weiter. Sie hat mir von ihrem schwierigen, wohl von vielen Schicksalsschlägen geprägtem Leben berichtet. Sie meinte, dass sie gut darin sei, sich in andere Menschen hineinzufühlen. Auch in einen wie mich. Dann hab ich das beendet." „Warum denn?", frage ich nach. „Allein schon wegen ihrer

Handschrift! Die war so ‚schiach', ich hab sie manchmal gar nicht entziffern können. Und irgendwann sind mir ihre Liebesbekundungen zu viel geworden. Ich habe ihr einen Abschiedsbrief geschrieben: ‚Lassen wir es sein. Ich komme vielleicht nie wieder heraus aus dem Gefängnis. Eines Tages würde ich nur eine Belastung für Dich sein.' Wissen Sie, ich will in meinem Alter keine Beziehung mehr. Außerdem bin ich ja immer noch verheiratet mit meiner Frau. Sollte ich entlassen werden, würde ich gerne wieder mit ihr zusammen sein. Mit ihr in einem Haus wohnen, gerne auch mit getrennten Schlafzimmern. Natürlich nur, wenn sie das will, wenn sie nach wie vor an mich glaubt. Ich bin jedenfalls immer für sie da. Es würde mich wirklich freuen, wenn Sie Kontakt zu ihr aufnehmen. Wie Sie sehen, bin ich halt ein treuer Affe."

„In der Öffentlichkeit wurde das immer ganz anders dargestellt, wie Sie wissen. Im Internet kursiert zum Beispiel ein Video, das ein Freund von Ihnen gemacht haben soll. Mit dem waren Sie offenbar in Thailand. Die Bilder suggerieren, dass es ein Sex-Urlaub gewesen sei." „Blödsinn. Das war ein ganz normaler Urlaub. Ich bin nie zu Prostituierten gegangen", stellt Josef F. mich mit einer wegwerfenden Handbewegung klar. „Der Freund ist aus München und war Stammgast auf meinem Campingplatz am Mondsee. Wir waren zu dritt, sein Stiefvater war auch dabei." „Und warum ist Ihre Frau nicht mitgefahren?" „Ach, meine Frau hat die heiße Luft nicht vertragen!"

„Schmerzt es Sie nicht, dass Sie keinen Kontakt zu Ihrer Familie haben?" frage ich weiter. Er scheint dem Unabänderlichen mit Gleichmut zu begegnen: „Ich überlasse es ihnen. Wenn Sie Kontakt zu mir wollen, werden sie sich schon melden. Ich will mich nicht aufdrängen. Ich will nur, dass sie materiell abgesichert sind. Deshalb auch die Idee mit dem Buch. Ihr Cover-Vorschlag gefällt mir!“ Schon vor ein paar Wochen hatte ich ihm ein Gemälde des Wiener Malers Gerhard Häupler gezeigt, der ihn vor Jahren im Rahmen einer Serie über berüchtigte Straftäter porträtiert hatte. Er hatte den kleinen Farbdruck nur flüchtig angesehen, und es wundert mich, dass er sich das Bild überhaupt gemerkt hat. „Wenn ich einmal nicht mehr bin, wird meine Familie vielleicht etwas von den Tantiemen haben und sich ein Haus bauen können“, meint er.

Bevor ich mich von ihm verabschiede, habe ich doch noch eine Frage an ihn: „Wissen Sie, was mich wundert? Dass Sie sich noch an so viele Details erinnern können. Sogar an den Kaiserschmarrn…“ „Sie hat den besten Kaiserschmarrn der Welt gemacht!“ klärt er mich lächelnd auf. Und: „Wissen Sie, ich habe gleich nach meiner Verurteilung, als ich hierher nach Stein gekommen bin, damit angefangen, meine Erinnerungen aufzuschreiben. Ich habe eine Art Lebensbilanz gezogen. Damals hatte ich noch viele Ereignisse gut im Gedächtnis. In den Jahren danach habe ich das Geschriebene überarbeitet. Und natürlich so verfremdet, dass keiner sich wiedererkennen kann. Ich habe andere Namen genommen, aber auch die Abläufe verändert. Ich will niemanden in Verlegenheit bringen. Schon gar nicht die Frauen, die ich geliebt habe.“

***

Bei der Heimfahrt ertönt die raue Stimme von Dan McCafferty aus dem Autoradio. Der Lead-Sänger der Hard-Rock-Gruppe „Nazareth" ist vor wenigen Wochen verstorben. „Dream on, though it's hard to tell, though you're foolin' yourself, dream on…". Ich liebe dieses Lied und drehe auf volle Lautstärke. Sein brüchiger und doch kraftvoller Klang scheint zu den Gedanken zu passen, die mich gerade beschäftigen. An die Wucht des Schicksals, das Menschen und ihre Wege formt. An die Sehnsucht, die sich hinter harten Masken verbirgt. An das Leben des Josef F., das voller heimlicher Begierden, Machtfantasien, Lügen und zerbrochener Träume war. Jetzt, wo ich sein Manuskript verarbeitet und viele Gespräche mit ihm geführt habe, kann ich die tiefe innere Zerrissenheit dieses Menschen erahnen. Ich bin dem Unbegreiflichen, das ihn zu seinen Taten getrieben hat, näher gekommen, ohne es freilich wirklich begreifen zu können. So manches, was er geschrieben oder gesagt hat, ist nur schwer oder gar nicht in Einklang zu bringen mit der Realität der schrecklichen Geschehnisse. Ist er wirklich der „emotionale Analphabet", als den ihn die psychiatrische Sachverständige beim Prozess beschrieben hat? Unfähig, die Gefühle anderer wahrzunehmen, geschweige denn zu verstehen? Ich habe Josef F. in den letzten Monaten als vielschichtigen, intelligenten Menschen kennengelernt, der auch über sich selbst lachen kann. Die bizarren, paranoid anmutenden Träume, von denen er mir berichtet hat, sind wohl Ausdruck unbewusster Ängste, die sich unter dem ungeheuren Druck seines jahrzehntelangen Doppellebens zwangsläufig entwickeln mussten. Er scheint die Bilder tatsächlich für real zu halten, auch wenn er über meine Bemerkung, dass er wohl bei der Sendung „Schlagerkarussell" eingeschlafen sein dürfte, geschmunzelt hat. Josef F. ist nun einmal 87 und etwas wunderlich geworden, aber von besorgniserregender Demenz ist bei ihm nichts zu bemerken. Er hat sich seine Schlagfertigkeit bewahrt, manchmal blitzt sein schelmisches Wesen durch. Und er hat immer noch ein gutes Kurzzeitgedächtnis.

Doch es gibt sie, seine andere, dunkle Seite. Ich weiß, dass er schon im Jahre 1969 wegen „schweren sexuellen Missbrauchs" einer Frau zu einer unbedingten Freiheitsstrafe von 18 Monaten verurteilt worden war. Als ich ihn darauf angesprochen habe, ist er ausgewichen. Hat von Missverständnissen berichtet, und wie das so sei, wenn Männer Signale von Frauen falsch deuten würden. Wochen später ist er ganz von selber auf das Thema zurückgekommen: „Es wäre gut gewesen, wenn ich gleich beim ersten Mal eine Therapie bekommen hätte!" „Sie meinen, nach Ihrer ersten Verurteilung?" frage ich nach. „Ja. Das, was ich getan habe, war ein furchtbarer Fehler. Ich sehe sie noch vor mir. Sie ist spärlich bekleidet am Fenster gestanden und hat ihrem Freund nachgewunken. In diesem Moment ist etwas aufgeblitzt in mir… Ich habe meine Strafe bis zum letzten Tag abgesessen. Aber eine Therapie habe ich nicht bekommen! Dabei wäre das wichtig gewesen, gerade weil ich ja Ersttäter war. Nach meiner Entlassung habe ich mich dann in meine Arbeit hineingesteigert. Hab eine große Familie gegründet, mehrere Immobilien erworben. Ich war erfolgreich und angesehen.

Da war keine Zeit zum Nachdenken… Ich habe nicht hingeschaut auf meine Probleme."

Ob er jetzt nachdenkt? „Hinschaut" auf sein Problem? Gewiss wurde und wird er dazu angehalten, im Rahmen der Therapien, die man ihm schon angedeihen hat lassen. Und doch habe ich den Eindruck, dass es ihm nicht anders ergeht als vielen Menschen, die schwere Straftaten begangen haben: Sie sind oft unfähig, die wahre Tiefe ihrer Schuld zu begreifen. Sie haben sich ihre eigene Wahrheit zurechtgezimmert, um nicht von ihrer Schuld erdrückt zu werden.

Justizanstalt Stein, Verhörzone, im Dezember 2022

In zwei Wochen ist Weihnachten. Gestern ist jener Mandant, der seine todkranke Frau erwürgt hatte, vom Vorwurf des Mordes freigesprochen und stattdessen wegen Totschlags zu sieben Jahren Haft verurteilt worden. Ich bin darüber erleichtert.

Heute möchte ich Josef F. einen Besuch abstatten, um ihm frohe Weihnachten und ein gutes neues Jahr zu wünschen. Es gehört sich irgendwie, nachdem wir dieses Jahr so viel Zeit miteinander verbracht haben. Er sitzt schon im Verhörraum und lächelt freundlich, als er mich erblickt. Wieder fällt mir auf, wie ungewöhnlich hell seine Augen sind. Vielleicht liegt es an der leuchtend roten Trainingsjacke, die er heute trägt. „Rot ist meine Lieblingsfarbe", klärt er mich über Nachfrage auf. „Aber hier drin ist es ja nicht so wichtig, was man anhat. Außer man bekommt Besuch", fügt er verschmitzt hinzu. „Wie werden Sie denn das Fest verbringen?" erkundige ich mich. „Weihnachten gibt's für mich schon lange nicht mehr. Hier ist es ein Tag wie jeder andere", erklärt er mir ein wenig bedrückt. „Gar kein Weihnachtsschmuck in der Zelle?" frage ich nach. „Nur ein bisschen Tannenreisig. Weil er so schön duftet..." „Bekommen die Insassen am 24. Dezember etwas Besonderes zum Essen?" frage ich weiter. „Ich schätze es wird wieder eine Biscuit-Roulade geben, wie im Vorjahr. Oder Schokoladenkekse", erklärt er mir lächelnd. „Aber ich muss mich zurückhalten, wegen meiner Figur." Ich bemerke den hinter der Glaswand geparkten Rollator. „Ach, den brauche ich in Wirklichkeit gar nicht. Aber die Frau Doktor besteht darauf, und einer Frau soll man besser nicht widersprechen", bemerkt er augenzwinkernd, um dann noch eins draufzusetzen: „Manchmal macht es mir Spaß, mit dem Wagerl den Beamten davon zu rennen, die kommen oft gar nicht nach bei meinem Tempo!"

***

„Ich werde Herrn Josef F. zu einem Weihnachtsmenü nötigen", erklärt Alfred U. mit einem Anflug von Ironie. Ich habe ihn im Anschluss vorführen lassen, um auch ihm frohe

Weihnachten zu wünschen. „Es gibt gebackenen Pangasius mit falscher Gemüse-Mayonnaise. Die besteht aus Joghurt, Senf und Sauerrahm. Schmeckt viel besser und ist gesünder als die echte Mayonnaise." Ich kann nicht umhin, mich zu freuen. Dass es jemanden gibt, der sich um jemanden wie Josef F. sorgt.

Unverrückbar

Nach fünfzehn Jahren erhält ein zu lebenslanger Haft verurteilter Strafgefangener von Gesetzes wegen die Möglichkeit, bedingt entlassen zu werden. Auch Josef F. darf dieses Recht nicht verwehrt werden. Doch ist es bei ihm nicht ganz so einfach: Er befindet sich immer noch im Maßnahmenvollzug. Dessen Zielsetzung ist es gemäß den gesetzlichen Vorgaben, den geistig abnormen Insassen zu therapieren. Erst wenn ein entsprechender „Gefährlichkeitsabbau", wie es in der psychiatrischen Fachsprache heißt, stattgefunden hat, kommt eine Entlassung in Frage. Das Gericht hat daher in regelmäßigen Abständen, zumindest aber alle zwei Jahre, ein psychiatrisches Gutachten zur Frage einzuholen, ob die geistige Abartigkeit weiterbesteht bzw. der entsprechende Gefährlichkeitsabbau stattgefunden hat. Zuletzt hat der Sachverständige für Psychiatrie und Neurologie Dr. Wolfgang Soukoup Josef F. im April 2021 untersucht. Er ist in seinen Gutachten vom 17.8. und 24.8.2021 zum Ergebnis gekommen, dass die schwere narzisstische Persönlichkeitsstörung mit emotional instabilen, dissozialen und anankastischen Anteilen[12] nach wie vor unverändert vorhanden sei.

---

[12] Die anankastische oder zwanghafte Persönlichkeitsstörung ist durch einen ausgeprägten Drang nach Ordnung und Perfektion sowie extremes Kontrollstreben gekennzeichnet.

Jedoch habe aufgrund des fortgeschrittenen Lebensalters ein Gefährlichkeitsabbau stattgefunden: „Eine weiterbestehende Hypersexualität oder sexuelle Zwänglichkeit sind zu verneinen und ist somit von keiner Gefahr eines Wiederbegehens einer sexuell oder nicht sexuell motivierten Gewaltstraftat auszugehen." Zudem betonte der Sachverständige, dass weitere Therapiemaßnahmen nicht mehr sinnvoll wären, da bei Herrn Josef F. ohnedies nur „oberflächliche Therapiewilligkeit" vorliegen würde und in Anbetracht des Lebensalters von keiner Änderung mehr auszugehen sei.

Daraufhin hat das zuständige Landesgericht Krems die Entlassung des Josef F. aus dem Maßnahmenvollzug verfügt. Die Staatsanwaltschaft war damit jedoch nicht einverstanden und erhob Beschwerde. Dies zusammengefasst mit der Begründung, dass die „einweisungskausale, schwerwiegende und nicht behandelbare psychische Erkrankung" bei Josef F. „unstrittig weiterbestehen" würde. Es gäbe keine überzeugenden Anhaltspunkte für die Annahme, dass die Gefährlichkeit bereits hinreichend abgebaut worden sei. Auch Josef F. erhielt die Möglichkeit, sich dazu zu äußern. Seine Stellungnahme fiel überraschend aus: Er wollte in der Maßnahme bleiben! Seine Begründung: Er nutze die vielen Therapiemöglichkeiten, was im Normalvollzug nicht möglich sein würde. Und: „Abschließend noch ein für mich (überlebens-) wichtiger Punkt. Auf dieser Abteilung bin ich in einem geschützten Bereich. In der Vergangenheit wurde ich bereits zweimal außerhalb der Abteilung attackiert und heftig geschlagen. Bei Überstellung in den Normalvollzug wäre ich womöglich neuerlich körperlichen Angriffen ausgesetzt und müsste um Leib und Leben fürchten, da ich aufgrund meines Alters kaum Möglichkeit habe, mich zu verteidigen. Ich beantrage daher der Beschwerde der Staatsanwaltschaft Folge zu geben, den Beschluss zu beheben und meine weitere Anhaltung im Maßnahmenvollzug anzuordnen."

Das Oberlandesgericht Wien gab in der Folge der Beschwerde der Staatsanwaltschaft statt und stellte die Notwendigkeit der weiteren Unterbringung des Josef F. in einer Anstalt für geistig abnorme Rechtsbrecher fest.

Inzwischen hat Josef F. mich mit der strafrechtlichen Vertretung beauftragt. Ich werde alles daransetzen, dass er aus dem Maßnahmenvollzug entlassen wird. Gewiss, er hat verabscheuungswürdige Verbrechen begangen, die weit über die Grenzen dieses Landes Aufsehen erregt haben und in die Kriminalgeschichte eingegangen sind. Wie viele Straftäter hat auch Josef F. sich seine eigene Deutung der Ereignisse zurechtgezimmert. Eine Deutung, die sich in seinem Kopf allmählich als „Wahrheit" verfestigt hat. Nein, er ist nicht verrückt. Aber unverrückbar in seinen Überzeugungen, und daran werden auch Therapien nichts mehr ändern. Mit bald neunzig ist er nun einmal in einem Alter, in dem die wenigsten Menschen noch in der Lage sind, neue Einsichten ins Leben zu gewinnen oder sich aus erstarrten Haltungen zu lösen. Andererseits jedoch hat das fortgeschrittene Lebensalter wohl einen Abbau des Sexualtriebs bewirkt. Seine frühere sexuelle Zügellosigkeit ist längst anderen Interessen gewichen, wie der Erhaltung der eigenen Gesundheit oder der Beschäftigung mit geistigen Dingen, wie dem Lesen und Schreiben. Josef F. ist ein ruhiger, inzwischen hochbetagter

Strafgefangener, der eines Tages wohl auch in körperlicher Hinsicht dem Haftalltag nicht mehr gewachsen sein wird. Seine Angst vor dem Normalvollzug ist verständlich, doch stellt sie keinen Grund dar, ihn im Maßnahmenvollzug zu behalten. So lange er in Haft ist, trifft den Staat die Aufgabe, ihn zu schützen.

Ich höre sie schon ihre Phrasen rufen, die da lauten „Lebenslang muss lebenslang" bleiben. Jene, die mein Verstehen-Wollen auch der dunklen Seiten der menschlichen Seele verurteilen. „Bewahre mich davor, über einen Menschen zu urteilen, ehe ich nicht eine Meile in seinen Mokassins gegangen bin"[13] sage ich jenen gerne ins Gesicht.

---

[13] *von den amerikanischen Ureinwohnern überliefertes Sprichwort*

Josef F. bald in Freiheit?

„Die absurde Seelenwelt des Josef F." Martina Prewein, selbst Verfasserin mehrerer Bücher über wahre Kriminalfälle, ist die erste Journalistin, die in der Sonntags-Ausgabe der „Kronen Zeitung" vom 26. März 2023 über mein neues Buch berichtet. Schon am Vormittag beginnt mein Handy aufgeregt zu piepsen, die ersten Journalisten mit neugierigen Fragen und Bitten um Interviews melden sich. Sie würden natürlich am liebsten mit meinem Mandanten persönlich sprechen. Das müsste freilich vom Justizministerium genehmigt werden. Ein Ding der Unmöglichkeit, denn das Ministerium lehnt Interviewanfragen für Gefängnisinsassen schon seit geraumer Zeit kategorisch ab. Mit Begründungen wie: „Der Strafvollzug dient dem Zweck, dem Verurteilten zu einer rechtschaffenen und den Erfordernissen des Gemeinschaftslebens angepassten Lebenseinstellung zu verhelfen und soll ihn abhalten, schädlichen Neigungen nachzugehen." Soso, das Recht auf freie Meinungsäußerung wird also als „schädliche Neigung" eingestuft…

***

Tags darauf fahre ich wieder nach Stein, um die Justizanstalt aufzusuchen. Hier, im anstaltseigenen Verhandlungssaal, wird mein Mandant Josef F. heute von einem Drei-Richter-Senat angehört werden: Es geht um die mögliche bedingte Entlassung aus dem Maßnahmenvollzug. Der zuletzt beigezogene psychiatrische Sachverständige war in seinem Gutachten ja zum Schluss gekommen, dass Josef F. längst nicht mehr als gefährlich einzustufen sei, weshalb eine Überstellung in den Normalvollzug empfohlen worden war. Doch nach einer Beschwerde der Staatsanwaltschaft war dies abgelehnt worden. Seitdem sind wieder fast zwei Jahre vergangen, und das Gesetz sieht von Amts wegen regelmäßige Anhörungen vor.

Das Hochsicherheitsgefängnis in Stein an der Donau besteht aus einem Altbau, der einstmals das Kloster des Frauenordens der Redemptoristinnen beherbergte. Heute sind in diesem aufwändige sanierten Teil Schwerstverbrecher untergebracht. Nach dem Strafvollzugsgesetz müssen Ersttäter wie auch Insassen, die sich im Maßnahmenvollzug befinden, von mehrfach vorbestraften Gewalttätern getrennt untergebracht werden. Deshalb befinden sich die Hafträume jener Insassen, die erstmals eine Strafe verbüßen – die sich also im „Erstvollzug" befinden, wie der juristisch korrekte Ausdruck lautet – sowie die Abteilung für Häftlinge im Maßnahmenvollzug in dem in den achtziger Jahren errichteten Neubau. Er ist dem Architekturstil des Brutalismus zuzuordnen und beeindruckt durch seine Schlichtheit. Die klobigen, aus rohem Sichtbeton errichteten Formen könnten nicht besser zu einem Gefängnis passen.

Auch der anstaltseigene Verhandlungssaal liegt in diesem Neubau. Als anstaltsfremde Person muss ich kurz in der allgemeinen Besucherzone Platz nehmen, bis mich ein Beamter abholt und hinaufführt. Der Gang führt entlang einer Glasfront mit Blick in den Einfahrtshof des Gefängnisses. Der Wartebereich vor dem Saal wirkt hell und freundlich, die Wände sind in sanften Grüntönen gehalten. An den Ecken stehen große Blumentöpfe mit kräftig wuchernden Pflanzen. Glasbausteine trennen einen gesperrten Bereich.

Josef F. sitzt entspannt in einem Sessel, die Hände an den Rollator vor ihm gelehnt. Als er mich erblickt, leuchten seine hellen Augen auf, und wir begrüßen uns freundlich. Auch sein Sozialarbeiter und die zuständige Anstaltspsychologin sind anwesend. Angenehme, bodenständig wirkende Menschen, von denen ich das Gefühl habe, dass sie einem wie Josef F. durchaus Halt geben. Er hat immer sehr positiv über sie gesprochen. Es wird noch ein bisschen dauern, lässt man uns wissen, da noch zwei Anhörungen vor uns abgehalten werden. Ich nütze die Zeit, um ihm nochmals alles zu erklären. Und vor unrealistischen Hoffnungen zu warnen: Sein letzter Antrag war abgewiesen worden, seitdem ist kein neues psychiatrisches Gutachten eingeholt worden, weshalb ich mit einer neuerlichen Ablehnung rechne. „Dann machen Sie bitte eine Beschwerde, Frau Doktor“, bittet er mich, was ich ihm verspreche. Doch mir ist klar, dass es nicht einfach werden wird. Der Fall des Josef F. ist als ein besonders grausamer in die Kriminalgeschichte eingegangen, viele wünschen dem Täter nur das Schlechteste.

Die Türe des Verhandlungssaals geht auf, ein junger Bursche in Jeans und Schirmkappe wird abgeführt. Sind wir jetzt an der Reihe? Nein, noch immer nicht. Ein Beamter sperrt den

Raum hinter den Glasbausteinen auf, heraus kommt ein dunkelhaariger Mann im schwarzen Trainingsanzug. Der Beamte führt ihn in den Saal.

Das Warten scheint meinen Mandanten ein wenig nervös zu machen. Um die Stimmung aufzulockern, beginne ich ein wenig Small-Talk. Josef F. trägt auch heute Alltagskleidung, cremeweißer Pulli zur grauen Hose. „Was ist eigentlich mit Ihrem karierten Sakko, das Sie damals bei Ihrer Verhandlung getragen haben?" „Ach, das hängt irgendwo im Depot. Ich hab' ja unzählige Anzüge besessen, wegen meinem Beruf im Außendienst. Elegante Anzüge waren das, Nadelstreif und so. Das karierte Sakko, das ich bei der Verhandlung getragen habe, hatte ich mir für die Generalvertreterversammlung gekauft. Niemals hätte ich geahnt, dass es einmal um die Welt gehen würde… Außerdem habe ich noch meinen schwarzen Smoking hier. Ich hatte ihn bei Bällen getragen, und irgendjemand, ich vermute meine Frau, hat ihn mir dann für die Verhandlung reingegeben. Aber ich bin doch nicht blöd, so ein Kleidungsstück bei Gericht zu tragen…" „Das ist ja fast so, als ob man einen Frack tragen würde", bemerke ich scherzhaft, um dann hinzuzufügen: „Das wäre sowas wie ein böses Omen. Sie wissen ja, was Frack in der Gefängnissprache bedeutet." Natürlich weiß er es, als langjähriger Insasse: „Frack" ist die Bezeichnung für die lebenslange Freiheitsstrafe. Die Herkunft ist nicht ganz geklärt, möglicherweise soll damit zum Ausdruck gebracht werden, dass der Betreffende das Gefängnis erst in festlicher Leichenkleidung im Sarg liegend verlassen wird.

Ein Beamter öffnet die Gittertüre zum gesperrten Bereich, zwei weitere Häftlinge werden in den Bereich hinter den Glasbausteinen geführt. Der Raum ist ein „Waggon", wie man in der Gefängnissprache einen gesperrten Wartebereich nennt. Das ständige Kommen und Gehen, begleitet von der monotonen Geräuschkulisse des Auf- und Zusperrens von Schlössern, hat auf mich eine fast einschläfernde Wirkung. Dieser Teil des Gefängnisses vermittelt Außenstehenden eine Ahnung vom Gefühl des Eingesperrtseins, man bekommt einen Hauch von Gefängnisluft zu spüren.

Die Stimme des Wachbeamten reißt mich aus meinen Gedanken. Wir sind soeben aufgerufen worden! Ich betrete den kleinen, mit edlem Mahagoniholz vertäfelten Saal. Josef F. nimmt vor dem Richtertisch Platz, ich links davon gegenüber der Staatsanwältin.

Der Senat besteht aus drei Richterinnen. Ich begrüße sie freundlich und blicke in versteinert anmutende Gesichter. Die Vorsitzende wendet sich sogleich an meinen Mandanten: „Zuletzt haben Sie uns wissen lassen, dass Sie im Maßnahmenvollzug bleiben wollen, weil Sie Angst vor gewaltbereiten Insassen hätten. Und jetzt wollen Sie doch dorthin?"

„Ja, ich will in den Normalvollzug. Und eines Tages möchte ich daraus entlassen werden" erklärt Josef F. Er spricht leise, aber bestimmt. „Und Ihre Ängste, sind die jetzt weg?" hakt die Vorsitzende nach. Josef F. schüttelt den Kopf, und dann bricht es aus ihm heraus: „Ich will weiterkommen. Und wenn sie mich hier drin derschlagen, dann soll's halt so sein!" Seine Stimme wirkt plötzlich brüchig. In seiner Mimik scheinen sich widersprüchliche Gefühle widerzuspiegeln. Verzweiflung, Trotz, Verbitterung.

Die vorsitzende Richterin blättert kurz im Akt, bevor sie das Wort ihrer Beisitzerin erteilt. Diese ist dafür zuständig, die anstaltsinternen Stellungnahmen vorzutragen, vor allem jene der Therapeutin. Sie sind alle positiv für meinen Mandanten ausgefallen. Hingegen spricht sich die Begutachtungs- und Evaluationsstelle für Gewalt- und Sexualstraftäter – kurz „BEST" genannt – nachdrücklich gegen eine Entlassung aus der Maßnahme aus.

Schlussendlich bin ich am Wort. In meinem Plädoyer fasse ich die Gründe zusammen, die nach meinem Dafürhalten für die Entlassung meines Mandanten aus der Maßnahme sprechen.

Nach gut einer Viertelstunde ist die Verhandlung auch schon wieder vorbei, der Senat zieht sich zur Beratung zurück. Josef F. und ich wechseln kurz die Blicke. Er versteht mein Signal: Ich rechne nicht damit, dass dem Antrag auf Entlassung stattgegeben wird.

Tatsächlich dauert es nicht lange, bis sich die vertäfelte Türe hinter dem Richtertisch wieder öffnet. Alle erheben sich, während die Vorsitzende den Beschluss verkündet: „Josef F. verbleibt im Maßnahmenvollzug." Nach Ansicht des Senats sei er nach wie vor gefährlich, es liege noch „ein weiter therapeutischer Weg vor ihm." Ich melde umgehend Beschwerde an.

***

Bei der Heimfahrt denke ich darüber nach, dass Josef F. heute ganz schön viel einstecken hat müssen. Das muss schwer für einen sein, der einst über andere bestimmt hat, sowohl im Beruf als auch in der Familie. Hat ihn das Gefängnis verändert? Ich kann die Frage nicht beantworten, weil ich ihn zu der Zeit, als er die Taten begangen hat, gar nicht gekannt habe. Jedoch bin ich überzeugt, dass die Haft bei Josef F. tiefe Spuren hinterlassen hat. Das Gefängnis mit seinem Zwang, sich darin ein- und unterzuordnen, macht etwas mit einem Menschen. Josef F. war schon fünfundsiebzig, als er in Haft kam. Und hat dort viel lernen müssen: Demut. Genügsamkeit. Geduld. Das Gefängnis war wohl eine harte Schule für ihn. Aber sie hat ihn, davon bin ich überzeugt, tatsächlich zu einem besseren Menschen gemacht.

***

Indes geht das Buch „Die Abgründe des Josef F." um die Welt. Europa, Amerika, Kanada, England, Vereinigte Arabische Emirate, Australien, überall wird darüber berichtet. Ich muss zugeben, dass ich von diesem überbordenden Interesse überrascht bin. Der Name Josef F. „zieht" offenbar noch immer. Freilich werden die reißerischen Schlagzeilen über ein vermeintliches Skandalbuch mit den „irren Gedanken eines Geisteskranken" oder gar dessen „Sex-Abenteuern", wie einige Schlagzeilen vermelden, dem wahren Inhalt überhaupt nicht gerecht. Es stört mich nicht allzu sehr. Ich bin mir sicher, dass das Buch seinen Weg zu denen finden wird, die Interesse an einer tiefgründigen Studie über menschliche Abgründe haben. In Anbetracht des internationalen Interesses beschließe ich, das Buch in die englische Sprache übersetzen zu lassen. Meine Wahl fällt auf Monika Schulz. Ich kenne sie vom Wiener Straflandesgericht, wo sie regelmäßig als Gerichtsdolmetscherin für die englische Sprache tätig ist. Dabei kann sie noch weitaus mehr als die trockene Gerichtssprache zu übersetzen, denn sie hat englische Literatur studiert.

Ihre Übersetzung liegt wenige Wochen später vor. Schon als ich die ersten Zeilen daraus lese, weiß ich, dass ich die richtige Entscheidung getroffen habe: Die der englischen Sprache eigene, natürliche Geschmeidigkeit harmoniert perfekt mit meiner Erzählweise, und Monika Schulz hat meinen Stil wunderbar nachempfunden.

***

Das Erscheinungsdatum von „The Abyss of Josef F“ ist, wie sich schnell herausstellt, etwas unglücklich gewählt: Es ist der 5. Mai – der Tag vor der Krönung des neuen englischen Königs Charles. Es braucht diesmal daher ein paar Tage Anlaufzeit, bis die englischen Medien anspringen. Doch dann wollen sie von mir allerhand wissen, zum Beispiel ob Josef F. die Krönung im Fernsehen gesehen hat, wie er zur englischen Monarchie steht und so weiter.

Justizanstalt Stein, Verhörzone, im Mai 2023

Der heurige Mai ist ungewöhnlich kühl und regnerisch. Josef F. trägt eine gefütterte Jeansjacke und wirkt entspannt. Ich habe ein Exemplar der englischen Ausgabe „The Abyss of Josef F“ dabei und lese ihm ein paar Passagen daraus vor. Seine hellen Augen blicken mich neugierig und zugleich verwirrt an. „Bitt‘ di goar schen[14], das ist mir jetzt zu hoch“, erklärt er dann. „Ich kann ja nur dieses Pidgin-Englisch. Mit dem bin ich überall in der Welt gut durchgekommen.“ Lächelnd lege ich das Buch zur Seite, und wir plaudern ein wenig über die Krönung des englischen Königs. Ich weiß ja, dass England ihn immer schon interessiert hat. „Ich bin Monarchist!“ erklärt er mit verschmitzten Lächeln. Um dann hinzuzufügen: „Genauso gut könnte ich sagen, ich sei Kommunist!“

[14] *Typisch österreichischer Ausdruck für „Ich bitte Sie!“*

Natürlich hat er die Krönung im Fernsehen gesehen. „Der Charles ist mir sympathisch“, bemerkt er. „Die Camilla, na ja, da sag ich lieber nix. Mir hätte die Diana an seiner Seite besser gefallen. Aber Charles liebt seine Camilla halt, und das zählt. Ich hoffe für ihn, dass er noch was von seinem Dasein als König haben wird. Er ist ja auch nicht mehr der Jüngste. So wie ich, wir beide sind ja im selben Alter…“ Nun ja, dieser König Charles ist doch um mehr als Jahrzehnt jünger, denke ich bei mir. Und dann erklärt Josef F. mir mit überzeugter Stimme: „Letztens habe ich in einer Zeitschrift gelesen, dass der Mensch biologisch einhundertfünfzig Jahre alt werden kann. Ich habe mir fest vorgenommen, einhundertdreißig zu werden. Schon aus Trotz!“ Ja, heute scheint Josef F. wirklich in seinem Element zu sein. Ich beschließe, ihm zuzustimmen: „Ihr Optimismus gefällt mir. Vielleicht nehme ich mir das jetzt auch vor. Aber vergessen Sie nicht: Je älter man wird, desto mehr muss man auf seine Gesundheit achten…“

„Keine Sorge, ich habe Ihren Rat befolgt und trinke über den Tag verteilt viel Wasser, Tee und Fruchtsäfte. In der Früh nehme ich eine regelrechte Vitaminbombe zu mir: Obst, dazu noch Tabletten mit Zink und Magnesium. Und erst mein Gymnastikprogramm, das ist nicht zu unterschätzen! Wenn mir da einer bei meinen Übungen zuschauen würde, der hätte seinen Spaß: Ich schaffe immer noch die verkehrte Brücke, und recke meinen Hintern in die Höhe! Meine Wirbelsäule ist biegsam wie bei einem Jungen. Wissen Sie, ich will keinesfalls so enden wie einige hier drin, die sich gehen lassen. Das ist einfach furchtbar. Hundertfünfzig Kilo Lebendgewicht aufwärts, das ist hier keine Seltenheit. Schlimm ist das." In der Tat gibt es viele Gefängnisinsassen, die sich aufgeben, vor allem jene, die keinen Besuch bekommen und offenbar nichts mehr vom Leben erwarten. Andererseits gibt es aber auch jene, die besonders hart trainieren und nach Jahren der Haft als regelrechte Muskelpakete herauskommen. Jeder Mensch ist anders, und jeder geht auf seine Weise mit dem Freiheitsentzug um. „Was macht Ihnen in der Haft am meisten zu schaffen?" frage ich ihn. Da muss er nicht lange überlegen: „Für mich ist es die fehlende Herausforderung. Man kann hochintelligent sein oder ein Depp, hier ist es einerlei. Im Alltagstrott des Gefängnisses sind alle gleich. Ich bin immer ein tätiger Mensch gewesen. Habe Verantwortung getragen. Es hat in meinem Leben so viele Herausforderungen gegeben. Das geht mir jetzt ab."

Wenn er so dasitzt, in seiner jugendlichen Jeansjacke, wirkt er tatsächlich viel jünger. Er hat ein bisschen mehr Farbe im Gesicht, und scheint voller Tatendrang zu sprühen. Erst jetzt wird mir bewusst, wie ruhig eigentlich seine Hände sind. Kein Zittern, keine Anzeichen von Alters-Parkinson. „Ich war niemals Jäger, das ist nicht meins, denn ich mag Tiere und es macht mir keinen Spaß, sie zu töten", erklärt er mir, als ich ihn darauf anspreche. „Aber ich war beim Schießverein. Und dort war ich für meine Zielsicherheit bekannt!"

„Jetzt ist endlich der Frühling da. Ich weiß ja, dass Sie nie in den Hof gehen. Wie kommen Sie zu Ihrem Teint?" frage ich ihn. „In Freiheit war ich immer braungebrannt, weil ich viel in den Bergen unterwegs war. Jetzt sonne ich mich halt bei sperrangelweit geöffnetem Zellenfenster. Blöd nur, dass das Gitter einen Abdruck auf der Haut hinterlässt“ scherzt er. Ich kann nicht umhin zu lachen, und bemerke: „Also ich sehe kein Gitter in Ihrem Gesicht. Ihr Humor trägt sicher dazu bei, dass Sie noch so gut beieinander sind…“ „Mein Humor? Der ist Überlebensstrategie.“ Wieder so ein Satz, der mich bei der Rückfahrt zum Nachdenken bringen wird. Man kann, wie ich finde, von jedem Menschen etwas lernen. Auch von einem wie Josef F.

In meinem Anwaltsbüro, im Mai 2023

An diesem Abend ist es wieder einmal spät geworden, die Sekretärin ist schon gegangen. Bevor ich die Kanzlei verlasse, rufe ich noch schnell den elektronischen Rechtsverkehr ab: Der Beschluss des Oberlandesgerichts Wien in der Strafsache Josef F. ist da! „Der angefochtene Beschluss wird aufgehoben und dem Erstgericht die neuerliche Entscheidung nach Verfahrensergänzung aufgetragen“, lese ich mit einem Gefühl der Genugtuung. Das bedeutet, dass das Erstgericht ein neues psychiatrisches Gutachten einholen muss. Aber da ist noch ein zweiter Beschluss im elektronischen Postfach, er stammt vom Landesgericht Krems: Die psychiatrische Sachverständige Dr. Heidi Kastner wurde mit der Erstellung des Gutachtens über Josef F. beauftragt. Es ist jene Gutachterin, die seinerzeit das Gutachten erstellt hatte, aufgrund dessen mein Mandant in die Anstalt für geistig abnorme Rechtsbrecher eingewiesen wurde. Jetzt muss sie die Frage beantworten, ob die Gefährlichkeit bei ihm so weit abgebaut ist, dass seine Entlassung aus der Maßnahme befürwortet werden kann. Wird sie heute, nach rund fünfzehn Jahren, zu einer anderen Einschätzung als damals kommen?

Justizanstalt Stein, Verhörzone, im Mai 2023

Josef F. hat die Gerichtsbeschlüsse ebenfalls zugestellt bekommen und mich sofort angerufen. Eigentlich hätten wir alles am Telefon besprechen können, doch ich hatte den Termin bereits eingeplant, und persönlich spricht es sich leichter.

Wegen des üblichen Montagsverkehrs habe ich mich ein wenig verspätet. „An Montagen herrscht überall Hektik, aber bei Euch ist es angenehm ruhig." Der Beamte bei der Sicherheitsschleuse quittiert meine launige Bemerkung mit einem entspannten Lächeln. Es liegt daran, dass an Montagen in der Justizanstalt Stein kein Angehörigenbesuch stattfindet.

Auch Josef F. wirkt entspannt. Er trägt wieder seinen cremeweißen Pulli, inzwischen kenne ich wohl schon seine gesamte Garderobe. Die Tatsache, dass das Gericht die Einweisungsgutachterin beauftragt hat, scheint ihn nicht besonders zu beunruhigen: „Sie werden das schon machen, Frau Doktor. Ich verlasse mich auf Sie!"

Vielmehr will er wissen, wie sich die englische Version des Buches verkauft. Ich mahne zur Geduld, es ist ja erst seit wenigen Tagen erhältlich. „Wissen Sie, die besten Briefe habe ich aus dem englischen Sprachraum bekommen. Zum Beispiel aus Kanada. Vielleicht haben die Menschen dort weniger Vorurteile? Kanada hat mich immer gereizt. Die Weite der Wälder, die Einsamkeit in der Natur. Schade, dass ich nie dort war", erklärt er. „Würden Sie im Fall einer Entlassung dorthin auswandern?" frage ich ihn. „Aber nein, einen alten Baum verpflanzt man doch nicht. Ich möchte in der österreichischen Provinz leben. Ganz alleine, in einem eigenen, kleinen Häuschen mit Garten. Führerschein brauch ich keinen mehr, ich würde mir ein Elektromobil für die Einkäufe zulegen. In ein Altersheim möchte ich nicht, dafür bin ich viel zu selbständig. Ich verrate Ihnen jetzt was: Ich habe da noch einen Traum. Landwirt möchte ich werden! Ein paar Quadratmeter würden reichen, damit ich Obst und Gemüse anbauen kann. Und vielleicht ein paar Goaß[15] halten." Ja, und einen Hund würde ich mir zulegen. Ich hab' da schon einen im Kopf, so einen schwarz-weiß Getupften, wie heißen die noch… Ach ja, einen Dalmatiner! Sie erinnern sich sicher an diesen Film[16]. Er würde mich bei meinen Wanderungen begleiten."

---

[15] *österreichisch für: Ziegen*

[16] *er meint natürlich den Film „1001 Dalmatiner"*

„Übrigens, weil Sie letztens gemeint hatten, dass Sie ein hohes Alter erreichen wollen: Haben Sie eigentlich Angst vor dem Tod?" „Mein Lebtag hab' ich keine Angst vor dem Tod gehabt!" lautet seine prompte Antwort. „In meinem Beruf bin ich oft in lebensgefährliche Situationen geraten. Mein Leben ist geradezu sprichwörtlich an einem seidenen Faden gehangen, als ich beispielsweise an einem dünnen Seil einhundertachtzig Meter über dem Boden gehangen bin. Oder damals in Afrika, als ich mitten in der Savanne aus dem Auto ausgestiegen bin. Um eine Familie zu retten, die dort eine Autopanne hatte. Die Löwen haben schon gelauert, aber zum Glück waren sie wohl satt…"

Josef F. scheint heute geradezu voller Lebensenergie zu sprühen. „Und stellen Sie sich vor, der Sender Puls 4 will mich engagieren! Als Moniteur oder wie das noch heißt…" „Sie meinen, als Moderator?" „Ja genau, als Moderator wollen die mich! Die haben mich ganz freundlich gefragt. Aber ich muss mir noch überlegen, ob ich mir das antue." Ich widerspreche ihm nicht, warum auch. Die Überzeugung, dass aus dem Fernseher mitunter Leute zu ihm sprechen, scheint sich längst unverrückbar in seinem Gehirn festgesetzt zu haben. „Wissen Sie, ich bin sowas von beliebt bei diesem Sender. Das Publikum begrüßt mich freundlich, die Kinder winken mir zu. Und ich liege im Pyjama da…" Er lächelt mich an. Ich sage nichts, doch mein skeptischer Blick dürfte meine Gedanken verraten haben: „Meine Therapeutin glaubt ja auch, dass ich fantasiere! Aber ich war immer ein Geschäftsmann, der mit beiden Beinen fest im Leben gestanden ist. Und das bin ich auch heute noch. Am Boden der Realität geblieben."

Beim Hinausgehen treffe ich zufällig auf sie: Seine Therapeutin. Eine selbstbewusste, erfrischende junge Frau, von der viel positive Energie ausgeht. Keine Frage, Josef F. ist in seiner kleinen Welt gut aufgehoben. Man schaut auf ihn, legt Wert darauf, dass er sich wegen der Sturzgefahr außerhalb der Zelle mit einem Rollator fortbewegt, auch wenn er immer wieder betont, dass er den Beamten damit „davonrennen“ würde. In den Nachtstunden wird regelmäßig über den Spion an der Zellentüre nachgeschaut, ob bei ihm alles in Ordnung ist: „Da hebe ich die Hand, damit der Beamte sieht, dass ich ok bin!“

Im Wienerwald

Nach den Corona-Jahren ist das Bedürfnis zu verreisen bei den Menschen besonders ausgeprägt. Dieses Jahr fällt Christi Himmelfahrt auf einen Donnerstag, der Freitag ist somit ein Fenstertag. Was liegt da näher, als das verlängerte Wochenende für einen Kurzurlaub zu nützen?

Ich hingegen gehöre zu jenen, die lieber im Land bleiben, wenn andere in die Ferne fliehen. Die Wiener City meide ich in diesen Tagen lieber, wegen der Touristenmassen. Dafür begegne ich bei meinen langen Waldspaziergängen rund um Wien nur wenigen Wanderern. Sogar berufliche Termine nehme ich gerne beim Wandern wahr. Es liegt daran, dass die Natur mir Kraft gibt. Der Anblick des weiten Landes, der Duft des Waldes, der Wind in meinen Haaren, all das bringt meine Gedanken in Bewegung, beflügelt meine Kreativität. Irgendwann, als ich wie so oft vor grauen Gefängnismauern stand, wurde mir klar, was mir da drinnen am meisten fehlen würde: Die Herrlichkeit der Natur.

In Großbritannien ist Christi Himmelfahrt kein Feiertag, und so steht an diesem angenehm kühlen Frühlingstag ein Telefon-Interview mit einem Redakteur der britischen „The Sunday Times" über mein neues Buch „The Abyss of Josef F" auf dem Programm. Ich bin im Wienerwald, als zur vereinbarten Zeit mein Handy läutet, und mache es mir auf einem Baumstumpf gemütlich. Vorhin noch hat es ein wenig geregnet, jetzt riecht es nach feuchtem Laub und Erde. Zwischen den sich verziehenden Wolken blitzt schon blauer Himmel durch. Während ich die kritischen Fragen beantworte, wandert mein Blick von den in frischem Grün leuchtenden Baumkronen zu den bemoosten Felsbrocken, auf denen sich dank der leichten Bewegungen der Blätter in der Sonne ein zartes Lichtspiel entfaltet. Entlang der tiefen Furche einer Baumrinde krabbelt ein bläulich schimmernder Käfer. Jetzt, im erwachenden Frühling, erfüllt von einer Klangwolke prächtigen Vogelgezwitschers, birgt der Wald einen ganz besonderen Zauber in sich. Jenen des Neubeginns, der Hoffnung, der Unberührtheit und Reinheit.

Welch eigenartiger Kontrast zu dem düsteren Thema, über das ich gerade spreche.

Justizanstalt Stein, Verhörzone, im Mai 2023

Josef F. ist sichtlich überrascht, mich innerhalb nur einer Woche ein zweites Mal zu sehen, aber er freut sich: „Ich war gerade beim Bügeln!“ Ich komme gleich zur Sache, nämlich ob wir die Begutachtung durch Dr. Kastner akzeptieren sollen: Wird sie meinen Klienten jetzt anders einstufen als damals? Theoretisch könnte man einen Ablehnungsantrag einbringen, doch die Chance, damit durchzudringen, ist äußerst gering. Das möchte ich mit Josef F. heute nochmals besprechen. „Wissen Sie, ich habe die ganze Zeit darüber nachgedacht, auch jetzt gerade beim Bügeln. Auch wenn die Dame mich damals enttäuscht hat, so bin ich trotzdem zum Schluss gekommen, dass sie das Gutachten machen soll. Wer weiß, vielleicht sieht sie es heute ja anders. Immerhin habe ich mich in diesen letzten fünfzehn Jahren hier im Gefängnis immer tadellos verhalten. Ich habe alle Therapien gemacht. Das kann doch nicht umsonst gewesen sein?“ Irgendwie, so scheint es mir, ist er sogar neugierig auf das Wiedersehen mit Dr. Heidi Kastner.

Wir kommen wieder auf den Maßnahmenvollzug zu sprechen, den auch er durchaus kritisch sieht: „Ich sehe es ja hier, wie schwierig es ist, da herauszukommen. Da sind junge Menschen, die deshalb oft jahrelang eingesperrt sind. Manche bringen sich leider um, weil sie keine Chance mehr sehen. Manchmal gelingt es mir, diese Menschen aus ihrer Verzweiflung herauszuholen. Wissen Sie, ich habe ja ein bisschen Erfahrung darin. In Menschenführung meine ich. Wie man mit Menschen umgeht, wie man sie aus einem seelischen Tief holt. Das habe ich schon als junger Mann gelernt, als ich auf Montage in Ghana war. Da hat es viele junge Arbeiter aus Österreich gegeben, die das nicht mehr durchgedrückt haben. Die sofort nach Hause wollten, weil ihnen die Familie so abgegangen ist. Die furchtbare Angst hatten, dass die Frau oder Freundin daheim fremdgeht. Ich habe es immer wieder geschafft, die Leute zu beruhigen. Die Kosten für die Heimreise wären für manche ja fast unerschwinglich gewesen."

Bevor ich mich verabschiede, hat er noch ein kleines Anliegen an mich: Er habe über Creme gegen Augenringe gelesen, ob ich diese für ihn besorgen könne? Ich muss ihm die Bitte abschlagen, da Kosmetika nicht an Insassen übergeben werden dürfen. „Aber das haben Sie wirklich nicht nötig", werfe ich ein. Es stimmt, Josef F. wirkt beileibe nicht wie achtundachtzig, sondern viel jünger. Aber er ist nun mal eitel: „Ach was, ich kann mich selber nicht mehr anschauen..." „Ein paar Falten machen ein Gesicht doch interessant. Sie lassen auf Lebenserfahrung und Abenteuer schließen. Die geglätteten, puppenhaften Fratzen mancher Zeitgenossen sind doch abstoßend", erkläre ich ihm, und meine es genauso.

Bei der Heimfahrt lasse ich wie immer das Gespräch Revue passieren. Plötzlich muss ich schmunzeln: Vielleicht hat seine kleine Bitte mit dem erwarteten Besuch von Dr. Heidi Kastner zu tun?

In meinem Anwaltsbüro, im Juni 2023

„Bis morgen!“ Meine juristische Mitarbeiterin Klara ist meist die letzte, die die Kanzlei verlässt. Es ist ein lauer Abend, ich nehme mir vor, ihn später im Garten zu genießen. Doch ich bin gerade „hängen geblieben“: Im Internet. Bei den unzähligen Berichten über mein neuestes Buch. Natürlich ist sie nicht ausgeblieben: Scharfe Kritik, und das nicht zu knapp. Die Kommentare sind von Gefühlen der Wut und Fassungslosigkeit dominiert: Man dürfe einem solchen Menschen keine Bühne bieten, empören sich viele, manche schreiben gar: „Die Wagner ist dasselbe Monster wie der F.!“ In einem Beitrag geht einer der Interviewten so weit, ein Verbot des Buches zu fordern. Willkommen in der neuen Verbotskultur! Ich meine aber, dass jeder das Recht hat, gehört zu werden. Dass der Blick in die Abgründe des anderen viel über die Ursachen von Verbrechen, über das Menschsein an sich und damit letztlich uns selbst lehren kann. Und dass die Wahrheit zumutbar ist. Einer, der das Buch wenigstens gelesen hat, bevor es zu verdammen, zeigt sich „enttäuscht“: Hier werde nichts über die Taten geschrieben, im Grunde sei dieses Buch doch eine einzige „Verschleierung“! Worte, die mich zum Nachdenken bringen. Ich packe meine Sachen zusammen und schlendere Richtung U-Bahn. Nein, ich habe nicht näher über die Taten des Josef F. geschrieben, aus Respekt vor den Opfern. Ich habe auch davon Abstand genommen, über seine Beweggründe zu schulmeistern, mich gar zur Psychologin aufzuschwingen. Sondern habe einfach aufgeschrieben, was er mir erzählt hat. Über seine Kindheit, seine beruflichen Erfolge, seine amourösen Abenteuer, sein Leben im Gefängnis. Manchmal, so scheint es mir, ist es gerade die Verschleierung, die einem die ungeheuerliche Wahrheit darunter erahnen lässt. Manchmal sagt das Ungesagte mehr aus, als Worte es je könnten. Und fast immer zeigt es sich ganz banal: Das sogenannte Böse …

Justizanstalt Wien-Josefstadt, im Juni 2023

Zumindest einmal in der Woche bin ich im Gefängnis. Zumeist in der Justizanstalt Josefstadt, die unmittelbar an das Wiener Landesgericht für Strafsachen angeschlossenen ist. In der für Behörden, Anwälte und Sozialarbeiter reservierten Verhörzone warte ich, bis meine in Haft befindlichen Klienten von der Justizwache vorgeführt werden. Halbgesperre nennt man diesen von der Außenwelt streng abgeschirmten Bereich auch, man kann ihn nur mit einer biometrischen Karte betreten und verlassen, Handys und Internet sind verboten. Diese aus künstlichem Licht, Kameras und Sicherheitstechnik geformte Matrix lässt ein eigenartiges Zeitloch entstehen, mit einer eigentümlichen, vom Auf- und Zusperren der Schlösser und monotonen Lautsprecher-Durchsagen geprägten Geräuschkulisse.

Nach der Anmeldung ziehe ich mich in eines der Anwaltszimmer zurück. Lese dort in meinen Akten, redigiere Texte, mache mir Notizen. Manchmal gehe ich zum vergitterten Fenster und blicke in den engen Gefängnishof. Betrachte gedankenverloren die Fensterbänke gegenüber, auf denen die Insassen kleine, bunte Säckchen mit Lebensmitteln abgelegt

haben. Die Hände, die zwischen den Gitterstäben herunterhängen. Die nackten, schmutzigen Betonwände, an denen das Geräusch des Flügelschlags einer aufgeschreckten Taube widerhallt. Ich schließe meine Augen und versuche, mir die duftende Blumenwiese des noch jungen Sommers vorzustellen, in der ich am Wochenende gelegen bin. Genauso würde ich wohl das Gefängnis überleben: Mit der Kraft der Gedanken. Mit der Macht der Fantasie. „Die wahren Abenteuer sind im Kopf", lautet ein weiser Liedtext von André Heller. Ich kann ihm nur zustimmen.
Das Knarren der sich öffnenden Eisentüre bringt mich auf den Boden der Realität zurück. Mein Klient ist soeben vorgeführt worden.

Justizanstalt Stein, Verhörzone, im September 2023

Der Sommer hat in diesem Jahr spät begonnen, doch er wurde lang und heiß. Das „Sommerloch" in den Medien wurde von einem gefallenen Burgschauspieler ausgefüllt, auf dessen PC zehntausende Dateien mit kinderpornografischem Bildmaterial sichergestellt worden waren. Am Tag der Hauptverhandlung hatten sich schon frühmorgens unzählige Demonstranten vor dem Eingang des Gerichtsgebäudes eingefunden, sogar ein Galgen mit dem aufgemalten Namen des Angeklagten war zu sehen. Der Richter wertete es später beim Urteil als mildernd, dass der Angeklagte einer beispiellosen medialen Hetzjagd ausgesetzt gewesen sei.

An einem dieser letzten schönen Sommertage Anfang September suche ich wieder einmal Josef F. auf. Da ich weiß, dass er in seiner Zelle immer noch interessiert das Weltgeschehen verfolgt, spreche ich ihn auch auf den Fall des verurteilten Burgschauspielers an. Sogleich zieht er Parallelen zu sich selbst: Er, Josef F., sei doch auch erfolgreich und angesehen gewesen. Habe alles erreicht im Leben, das ein Mann sich wünschen kann. Doch da sei eben noch etwas anderes in ihm gewesen. Dieses Dunkle, das manchmal überhandgenommen habe. Das stärker gewesen sei als jegliche Vernunft… „Genauso muss es diesem Schauspieler ergangen sein", meint er.

Ich habe den Eindruck, dass er in letzter Zeit tatsächlich wieder mehr über seine Taten reflektiert. Dass er den Beweggründen seines damaligen Tuns auf den Grund gehen will, dass er wirklich tief in seinen innersten Gehirnwindungen schürft, um Antworten zu erhalten. Vielleicht hat es damit zu tun, dass er seit Monaten auf den Besuch der vom Gericht beauftragten psychiatrischen Sachverständigen Dr. Heidi Kastner wartet. Demnächst endet die Frist für ihr Gutachten…

Justizanstalt Stein, Verhörzone, im Oktober 2023

Es ist ein verregneter Morgen im Herbst. Vor rund zehn Tagen hat sich Alen R., Insasse in der Maßnahmenabteilung der Justizanstalt Stein, das Leben genommen. Acht Jahre nach seiner entsetzlichen Amokfahrt durch die Grazer Innenstadt, die drei Menschen – darunter ein achtjähriger Bub – das Leben gekostet und viele weitere schwer verletzt hatte. Schon beim Prozess waren sich die psychiatrischen Gutachter hinsichtlich seines Geisteszustandes uneinig gewesen, letztlich wurde er für zurechnungsfähig befunden und zu lebenslanger Haft bei Einweisung in eine Anstalt für geistig abnorme Rechtsbrecher verurteilt. Letztes Jahr hatte mich seine Mutter beauftragt, und ich kämpfte für die Überstellung in ein forensisches Zentrum. Nie werde ich den Anblick dieses hochgradig gestörten Menschen vergessen. Die weit aufgerissenen Augen, die zu Berge stehenden Haare, die verkrampften Hände. Letztlich haben die inneren Dämonen, die ihn offenbar schon seit Jahren quälten, gesiegt.

Heute bin ich wieder einmal in Stein und lasse mir auch Josef F. vorführen. Gleich am Anfang spreche ich ihn auf Alen R. an, der Suizid ist ja in seiner Abteilung geschehen. Josef F. hat den „Wirbel" des Abends, an dem die Beamten den Toten mit einem Plastiksack übern Kopf fanden, natürlich mitbekommen. Er habe kaum Zugang zu ihm gefunden, erzählt er mir. Viel telefoniert habe er halt, mit seiner Mutter. So schrecklich seine Tat auch gewesen sei: „Er derbarmt mir[17]. Er war doch so krank. Völlig gestört…“ Nachsatz, mit einem feinen Schmunzeln: „Natürlich bin ich auch gestört, das sind wir doch alle auf unserer Abteilung“, um dann wieder ernst zu werden: „Aber der Alen war furchtbar beieinander.“

„Das nächste Mal, wenn wir uns sehen, wird Frau Doktor Kastner wohl schon bei Ihnen gewesen sein“, erkläre ich ihm beim Abschied. „Ich kann es gar nicht erwarten“, bemerkt er und lächelt, ein wenig gequält, wie mir scheint. Natürlich lastet der Druck der Ungewissheit auf ihm. Das Ergebnis eines psychiatrischen Gutachtens ist oft schwer vorhersehbar, wenn es um Entlassungen aus der Maßnahme geht.

Nach Josef F. lasse ich mir an diesem Tag ein paar andere Insassen vorführen, zuletzt Alfred U. Er hat ein wenig mehr Zugang zu Alen R. gehabt, dank seiner Serbokroatisch-Kenntnisse. Aber Alfred U. ist überhaupt ein zugänglicher, jovialer Typ. Seine Zelle steht allen offen, man trifft sich dort auf einen Kaffee, der in einer großen Thermoskanne bereit steht. „Als die Preise noch erträglich waren, habe ich auch gekocht!“ erklärt er mir. Wenigstens steuert der Insasse Werner K., der vor Jahrzehnten eine ganze Familie im niederösterreichischen St. Pölten bestialisch ermordet hat, einen seiner wohlschmeckenden Apfelstrudel bei.

---

[17] *österreichisch für „Ich habe Mitleid mit ihm“*

Am Tag des Suizids sei Alen R. noch bei ihm gewesen, um seine Schulden zu begleichen, berichtet Alfred U. Er sei immer sehr verlässlich gewesen, weshalb er ihn bei Bedarf gerne mit Rauchwaren versorgt habe. „Schad um ihn!“, resümiert er. Zum Glück bekommen Strafgefangene die Hasskommentare in den Internetforen nicht mit. „Das ist schon der zweite Selbstmord hier in diesem Monat“, bemerkt Alfred U. sodann. Suizide im Gefängnis. Ein unangenehmes Thema, über das in der Öffentlichkeit geschwiegen wird.

„Danke, dass Sie ein wenig auf Herrn F. schauen“, wechsle ich das Thema. „Das ist doch selbstverständlich“, meint Alfred U. „Leider hat er recht abgebaut, seitdem er nicht mehr Hausarbeiter ist. Er zieht sich meist alleine in seine Zelle zurück. Es fehlen ihm die sozialen Kontakte.“

Plötzlich erscheint ein Beamter an der Glaswand hinter Alfred U. und deutet die Uhrzeit an – es ist gleich 14 Uhr und damit Schluss für heute. Alfred U. wird in seine Zelle zurückkehren und dort vermutlich Kaffee aus seiner großen Thermoskanne trinken.

Als ich ins Freie trete, stelle ich fest, dass die Sonne sich durchgesetzt hat und es doch noch ein schöner Herbsttag geworden ist. Ich beschließe, in die Innenstadt zu spazieren, um dort ein spätes Mittagsmahl einzunehmen.

An einem Freitag am frühen Morgen bei mir zuhause im Oktober 2023

Es ist noch nicht einmal acht Uhr morgens, als mein Telefon läutet. Am Display eine Nummer, bei der ich nach Möglichkeit immer abhebe, weil ich nicht zurückrufen kann: Sie gehört zum Telefonnetz der Justizanstalten. Es ist Josef F.: „Es war niemand da!“ Er meint natürlich Dr. Kastner, auf deren Besuch er schon so hart wartet. Ich mahne zur Geduld, kann ihn aber verstehen. In seiner Situation hat er kaum Ablenkung, offenbar kreisen all seine Gedanken um das Gutachten. „Es kommt alles, wie es kommen soll“, sage ich am Schluss des Telefonats. „Ich wollte Ihnen nur Bescheid geben“, erklärt er wie immer mit fester Stimme, und doch klingt ein wenig Traurigkeit mit. Er wird sich jetzt wieder in seine Zelle zurückziehen, während ich zu meiner Verhandlung eile.

Das Wochenende steht vor der Tür, abends werde ich zu einem Ausflug in die Südsteiermark aufbrechen. Am Morgen werde ich wie immer früh aufstehen. Werde das Fenster öffnen, mein Blick wird entlang der Nebelseen zwischen den kleinen Hügeln schweifen, von fern werden Hähne krähen. Dann werde ich in meine Turnschuhe schlüpfen und den Tag mit einem kleinen Morgenlauf starten. Zwischendurch werde ich stehen bleiben, die grasenden Schafe streicheln, den Menschen beim Wegräumen der unzähligen Weinflaschen zuschauen, die am Vorabend leer getrunken wurden. Ich selbst konsumiere kaum Alkohol, benötige ihn auch nicht, um „herunterzukommen." Es genügt mir das Atmen in der freien Natur, der Duft des Herbstlaubs, der Zauber eines Morgens in unberührter Landschaft, und schon ist alles ganz fern. Das hektische Getriebe der Großstadt, der Alltag mit seinen kleinlichen Ärgernissen, die tausendfachen Sorgen um Akten und kollidierende Termine. Zumindest bis Montag…

Josef F. wird das Wochenende so verbringen, wie er es die letzten fünfzehn Jahre verbracht hat: Alleine in seiner Zelle.

Justizanstalt Stein, Verhörzone, im Oktober 2023

Der bis Mittag anberaumte Termin beim Landesgericht Krems endete vorzeitig, Zeugen waren ausgeblieben. Da ich erst nachmittags Termine in der Kanzlei habe, beschließe ich, neben weiteren Mandanten auch Josef F. in der Justizanstalt Stein zu besuchen.

Es wird ein gutes Gespräch. Gerade deshalb, weil es Josef F. derzeit psychisch nicht so gut geht. Das Warten auf die psychiatrische Sachverständige scheint ihn zu zermürben: „Jeden Morgen denke ich mir: Heute ist es soweit, heute kommt sie", vertraut er mir an. Ich versuche, ihn ein wenig abzulenken, erzähle ihm vom mittlerweile dritten Kochbuch, das Alfred U. mir inzwischen geschickt hat. Jener Alfred U., der eine Prostituierte ermordet, zerstückelt und zu Hackfleisch verarbeitet hat… Und der trotzdem auch gute Seiten hat und sich in der Haft rührend um seine Mitinsassen kümmert.

Wenn Josef F. so vor mir sitzt mit seinem kurzärmeligen Jeanshemd, kommen mir die Zeitungsbilder von damals in den Sinn. Verbrecherfotos, fast schon diabolisch, der Blick verschlagen anmutend. Josef F. sieht heute nicht viel anders aus: Ein alter Herr mit schlohweißem Haar und ernsten, etwas durchdringenden hellen Augen. Diabolisch? Mitnichten, es war die mediale Berichterstattung, die ihn zum Teufel in Menschengestalt auserkoren hatte.

„Wenn Sie wüssten, wie oft ich schon mitten in der Nacht aufgewacht bin. Dann denke ich darüber nach, was ich Schreckliches getan habe. Was ich alles zerstört habe…" Ich kenne Josef F. jetzt schon mehr als ein Jahr, aber diese schonungslose Ehrlichkeit ist neu. Bis jetzt hat er doch immer betont, einen gesunden Schlaf zu haben. „Ich bohre in mir. Frage mich, warum es in meinem Leben so gekommen ist", hadert er mit seinem Schicksal. Dann erzählt er wieder von damals. Von dem ersten Kuss, den er von seiner späteren Ehefrau bekommen habe: „Ich war Lehrling und furchtbar verliebt. Sie war die erste, die mich in meinem Leben geküsst hat. Ich hab das ja gar nicht gekannt. Meine Mutter hat mir nie ein Busserl gegeben…"
Er hätte wohl am liebsten noch stundenlang erzählt, doch ich muss pünktlich in meine Kanzlei zurück. Sein Händedruck beim Abschied ist fest wie immer, fast als ob er mir auf diese Weise seine ungebrochene Vitalität beweisen müsste. Er

werde jetzt sein Mittagsschläfchen nachholen, erklärt er mir noch, bevor er mir wie immer „eine gute Fahrt“ wünscht.

Justizanstalt Stein, Verhörzone, im November 2023

Seine Augen strahlen, sie wirken heute hellblau, vielleicht liegt es am jugendlichen Jeanshemd, das er trägt. So entspannt wirkte er schon lange nicht mehr. Es liegt daran, dass er es endlich hinter sich gebracht hat: Die Sachverständige Dr. Heide Kastner hat ihn zu sich in die Linzer Universitätsklinik ausführen lassen, um ihn zu begutachten. Es sprudelt nur so aus ihm heraus: Stellen Sie sich vor, die hat einen riesengroßen, schwarzen Hund. Der hat mich schwanzwedelnd begrüßt und meine Hand abgeleckt. Wenn das kein gutes Zeichen ist! Aber vorher bin ich mit den Justizwachebeamten fast eineinhalb Stunden durchs Gebäude geirrt. Das Büro der Frau Doktor Kastner war gar nicht so leicht zu finden…“ Er meint, dass es ein „gutes Gespräch“ gewesen sei. Vielleicht, so glaubt er, habe sich die Frau Doktor Kastner gefreut, ihn nach so langer Zeit wieder zu sehen. „Die war sicher beeindruckt davon, dass ich so gut beisammen bin. Wie lange wollen’s denn noch leben?“ hat sie mich gefragt, erklärt er augenzwinkernd.

***

Ein paar Wochen später, zwischen den Weihnachtsfeiertagen, langt das Gutachten von Dr. Heidi Kastner ein. Das Ergebnis: Bei Josef F. liege eine noch leichtgradige, aber dennoch fortschreitende Demenzerkrankung vor, die bei ihm einen „Umbau der Persönlichkeit" ausgelöst habe. Dem Gutachten entnehme ich, dass er der Sachverständigen offenbar haarsträubende Details in Zusammenhang mit seinem Familienleben erzählt hat, die mit der Realität nicht in Einklang zu bringen sind. Der deutsche Tennisspieler Boris Becker spielt darin ebenso eine Rolle wie diverse Stars aus Schlagersendungen, die Josef F. regelmäßig konsumiert. Hirngespinste, aber ohne Relevanz. Was zählt, ist das Ergebnis: Mein Mandant ist nicht mehr gefährlich!

Landesgericht Krems, im Januar 2024

Einen Monat später findet unter enormer Medienpräsenz die Anhörung meines Mandanten am Landesgericht Krems statt. Als ich frühmorgens vor dem Verhandlungssaal eintreffe, warten bereits dutzende Journalisten in- und ausländischer Nachrichtensender vor dem Saal. Ich gebe ein knappes Statement ab, bevor Justizpersonal mich zu meinem Mandanten bringt, der in einem kleinen Verhörraum auf mich wartet. Wie beim letzten Mal trägt er Jeans mit dazu passender, hochgeknöpfter Jacke, dazu bequeme Turnschuhe. „Na da ist aber ein G'riss um sie", begrüße ich ihn mit ironischem Lächeln. Er lächelt verschmitzt zurück und berichtet, dass er beim Herfahren „geblitzt" worden sei. Wie ich später erfahre, war es findigen Fotografen tatsächlich gelungen, den Wagen der Justizwache abzupassen und ein paar Bilder von Josef F. zu schießen.

Die Anhörung beginnt pünktlich um acht Uhr. Die Richterin nimmt meinen Mandanten ein wenig in die Mangel und befragt ihn, ob er denn seine Taten bereue. Wegen der schlechten Akustik im Saal in Kombination mit der Schwerhörigkeit meines Mandanten muss sie ihre Frage ein paar Mal wiederholen. Josef F. schafft es tatsächlich, ein kleines Plädoyer zu seinen Gunsten zu halten, in dem er von dem „Furchtbaren" spricht, das er „seiner Familie angetan" habe. Daraufhin zieht sich der Drei-Richtersenat zur Beratung zurück. Diese dauert nur kurz, sodann verkündet die Richterin den längst erwarteten Beschluss: Josef F. wird aus dem

Maßnahmenvollzug entlassen und in den Normalvollzug überstellt werden.

An diesem Nachmittag laufen in meiner Kanzlei die Telefone heiß, Reporter aus aller Herren Länder melden sich wegen Interviewanfragen. Ich versuche, mein eingerostetes Englisch zu aktivieren, um die Fragen der BBC-Reporterin im Sinne meines Mandanten zu beantworten. Das für mich angenehmste Interview gebe ich dem jungen Reporter eines kuwaitischen Fernsehteams, der sich als Palästinenser vorstellt. Inzwischen ist mein Engagement für die entrechteten Menschen aus Palästina bekannt geworden, weshalb er mir Respekt und Dankbarkeit zollt. In den sozialen Medien jedoch lässt die Entscheidung des Gerichts unfassbaren Hass aufkochen. Er richtet sich auch gegen mich, die Anwältin, die Josef F. hilft und ihm demnächst die Freiheit verschaffen könnte. Ich werde tausendfach verflucht, und immer wieder heißt es: Du sollst vergewaltigt werden! Mir graut vor der Seele solcher Menschen, die im Fall Josef F. offenbar die ideale Projektionsfläche für ihre verborgenen, dunklen Begierden sehen.

***

Die Überstellung in den Normalvollzug ist ein erster Schritt zur Entlassung aus der Strafhaft. Freilich wird Josef F. aufgrund seines fortgeschrittenen Alters – er ist inzwischen 89 Jahre alt – und seines gesundheitlichen Zustandes nicht in der Lage sein, alleine zu leben, sondern in einer betreuten Einrichtung untergebracht werden. Er wird auch nicht mehr in Lage sein, das Haus alleine zu verlassen, sondern fremder Hilfe bedürfen.

Je näher wir unserem Tod kommen, desto ähnlicher werden wir uns. Der Tod gibt uns keine Antworten. Die gibt uns das Leben, bis die Zeit es auffrisst. Im Tod sind wir alle gleich.

Justizanstalt Stein, Verhörzone, im Februar 2024

Die Überstellung in den Normalvollzug wird sich nun doch ein paar Monate verzögern: Obwohl die Staatsanwaltschaft keine Einwände gegen das psychiatrische Gutachten geäußert hatte, hat sie nun doch Beschwerde ans Oberlandesgericht eingelegt. Darüber möchte ich meinen Mandanten heute informieren.

„Ich war gerade beim Backen. Es wird eine Topfentorte“, erklärt er mir lächelnd. „Schade, dass Sie mir davon nichts mitbringen können“, erwidere ich und befrage ihm nach seinem aktuellen Befinden. „Es geht mir sehr gut. Ich schaue viel fern. Es freut mich, wenn die Redakteure mich freundlich begrüßen. Und auch zum Abschied, bevor ich ausschalte, erklären sie mir immer: Schön, dass Sie dabei waren! Aber wissen Sie, was mir nahegeht: Die Bilder aus Gaza.

Die kleinen Kinder, die leiden müssen, da kann ich gar nicht mehr hinschauen… Und ich habe inzwischen Angst vor einem Weltkrieg."

Josef F. versetzt mich immer wieder in Staunen. Einerseits hat er den Realitätsbezug verloren, indem er mit dem Fernseher kommuniziert. Andererseits ist er offenbar immer noch in der Lage, das Weltgeschehen zu beobachten und sich ein kritisches Urteil zu bilden.

„Gut schauen Sie aus", bemerke ich. Seitdem das psychiatrische Gutachten da ist, scheint ein gewisser Druck von ihm abgefallen zu sein. „Ich halte mich eben fit", erklärt er mir wieder einmal. Und: „Mein Ziel ist es, noch sehr lange zu leben. Wenn ich dann entlassen bin, werde ich alles daransetzen, um in der Gesellschaft wieder Fuß zu fassen. Ich möchte möglichst selbständig leben, in einem eigenen Häuschen mit kleinem Garten. Wenn man lange leben will, muss man die richtige Lebenseinstellung haben: Ich habe zwar die schlimmsten Taten begangen, die man sich vorstellen kann. Aber ich habe die Verantwortung übernommen. Und ich habe mich nicht aufgegeben. Niemals aufgeben – das war immer mein Motto, und wird es immer sein."
Man kann von jedem Menschen etwas lernen. Auch von einem wie Josef F. Trotzdem bin ich froh darüber, dass er so abgeschottet lebt. Dass er keine Ahnung darüber hat, was manche Menschen ihm da draußen wünschen…

***

Wenige Wochen später langt die Entscheidung des Oberlandesgerichts Wien ein: Der Beschwerde der Staatsanwaltschaft wird insofern Folge gegeben, als eine weitere Abklärung der Demenzerkrankung meines Mandanten erfolgen soll. Vielleicht, so heißt es sinngemäß, ist er zu wenig dement und daher immer noch gefährlich? Im Fall des Josef F. will man es eben ganz genau wissen…

Josef F. muss ins Spital. Nein, er ist nicht wirklich krank. Es geht um eine MRT-Untersuchung seines Gehirns. Das Ergebnis: Mit seinen bald neunzig Jahren leidet er unter leichten kognitiven Beeinträchtigungen. Doch für sein Alter ist er sowohl geistig als auch körperlich ziemlich gut beieinander, wie ein ebenfalls eingeholtes gerichtsmedizinisches Gutachten bestätigt.

Justizanstalt Stein, Verhandlungssaal, im April 2024

Am 30. April 2024 findet eine neuerliche Anhörung statt, diesmal wieder in einem gefängnisinternen Verhandlungssaal. Heute ist auch die psychiatrische Sachverständige Dr. Heidi Kastner zugegen. Die Verhandlung dauert gute zwei Stunden und ist äußerst informativ, denn Dr. Kastner erläutert den gespannt lauschenden Anwesenden, warum sie Josef F. nicht mehr für gefährlich hält: Er sei nie ein Mensch gewesen, der zu spontanen Übergriffen neigte. Im Gegenteil, seine spezielle Gefährlichkeit resultierte aus seinem Kontrollwahn. Seinen Machtgelüsten, die er in einer hochkomplexen Tatplanung ausgelebt hat. Jetzt, in Anbetracht seines geistigen Abbaus, sei er zu einem derart raffiniert ausgetüftelten Vorgehen wie damals nicht mehr in der Lage. „Es ist mit an Sicherheit grenzender Wahrscheinlichkeit auszuschließen", dass Josef F. künftig schwere Straftaten begehen würde, lautet ihr Resümee. Und: „Er ist nicht gefährlicher als irgendein Durchschnittsösterreicher!"

Es ist schon später Nachmittag, als die vorsitzende Richterin verkündet: „Die Entscheidung wird schriftlich ergehen!"

In einem Wiener Außenbezirk, im Mai 2024

An diesem 14. Mai herrscht schon am frühen Morgen prächtiger Sonnenschein. Ich bin noch zuhause, denn meine Schwester aus der Steiermark ist gerade auf Besuch. Obwohl an diesem Tag keine Verhandlung anberaumt ist, bin ich früh aufgestanden und habe eine kleine Joggingrunde unternommen. Danach frühstücken wir im Garten. Kurz vor 9 Uhr läutet mein Handy zum ersten Mal. Es ist ein Redakteur des österreichischen Rundfunks, wenige Minuten später meldet sich einer von der Kronen Zeitung, dann ein Privatsender, und immer weitere... Mein Handy läutet unaufhörlich, es sind Redakteure aus dem In- und Ausland, die fragen: Was sagt Ihr Klient zu dem Beschluss?

Er war mir bereits gestern Nachmittag in meiner Kanzlei zugestellt worden, doch ich wollte noch ein wenig zuwarten, bevor ich die Öffentlichkeit informiere. Der einfache Grund: Ich hatte Geburtstag und wollte in Ruhe feiern. Dabei war er fast eine Art Geburtstagsgeschenk, dieser Beschluss: Meine Bemühungen werden belohnt, mein Klient Josef F. wird nun doch bedingt aus dem Maßnahmenvollzug entlassen. Jetzt ist mir aber die Presseabteilung des Landesgerichts Krems zuvorgekommen, indem sie eine Aussendung an die Medien gemacht hat. Es wird ein stressiger Tag. Ich muss unzählige Journalistenfragen beantworten und werde in diverse Fernsehstudios eingeladen. Und all das neben dem normalen Kanzleialltag, denn für den Nachmittag haben sich mehrere Klienten angekündigt.

Justizanstalt Stein, Verhörzone, im Mai 2024

Tags darauf fahre ich nach Stein, um meinem Mandanten Josef F. den Beschluss persönlich zu überreichen. Ich hatte erst für zwölf Uhr einen Termin erhalten, sodass ich ihn aus seinem Mittagsschläfchen reißen muss. Er wirkt ein wenig verschlafen, doch als ich ihm den Beschluss vorlese, beginnen seine Augen zu leuchten. „Ich habe es schon rumoren gehört, aber nicht glauben können. Es ist also wirklich wahr… Ich danke Ihnen für alles, was Sie für mich getan haben. Ihr Plan ist aufgegangen. Ich hoffe, Sie bleiben mir weiterhin treu…“

„Selbstverständlich bleibe ich Ihnen treu“, beruhige ich ihn. Es wartet noch viel Arbeit auf uns. Unser nächstes und endgültiges Ziel ist die Entlassung aus der lebenslangen Freiheitsstrafe. Um dies zu erreichen, muss ich dafür sorgen, dass mein Mandant auf die Entlassung auch vorbereitet wird. Da geht es um Vollzugslockerungen, Sozialtraining, begleitete Ausgänge. Voraussetzung für die Entlassung aus einer lebenslangen Haftstrafe ist zudem, dass ein „sozialer Empfangsraum“, wie man es in der Behördensprache nennt, bereitsteht. Im Fall meines Klienten Josef F. wird es darauf ankommen, einen geeigneten Pflegeplatz zu finden.

Das Wort „Pflegeplatz“ hört Josef F. freilich nicht so gerne. „Ich war immer selbständig und möchte nicht bevormundet werden“, insistiert er. Ich verspreche es ihm.

Justizanstalt Stein, Verhörzone, 29. Mai 2024

Zwei Wochen später ist der Beschluss rechtskräftig. Die Staatsanwaltschaft hat diesmal keine Beschwerde erhoben.

Er wirkt ein wenig anders als sonst. Blass, das dunkelgraue, ungebügelte Hemd scheint zur Häftlingskleidung zu gehören. Doch seine Haare sind wie immer perfekt nach hinten frisiert und seine Augen blicken mich erwartungsvoll an, als ich ihm die rechtskräftige Ausfertigung des Beschlusses aushändige, wonach er nunmehr endgültig aus dem Maßnahmenvollzug entlassen wird.

„Ich habe die ganze Nacht nicht schlafen können", berichtet er mir. „Weil ich ja ahnte, was kommen wird. Und heute in aller Herrgottsfrüh haben sie mich abgeholt von meiner Zelle. Jetzt bin ich im Zugangsbereich. Für ein oder zwei Wochen, wie mir der Beamte erklärt hat. Dann wird man sehen, in welche Abteilung ich komme." „Wie ist es dort?", frage ich nach. Er verdreht die Augen: „Na ja, ein Kammerl halt. Wir sind zu zweit. Aber ich habe den anderen noch nicht kennengelernt. Seit den fünf Stunden, an denen ich jetzt dort bin, hat er kein Auge aufgemacht." „Eh besser so, da haben Sie Ihre Ruhe", versuche ich ihn aufzubauen. Ich merke ihm an, wie sehr ihn die plötzliche Veränderung seiner Situation bedrückt. „Meine persönlichen Sachen befinden sich bis auf weiteres in Kartons verpackt im Depot. Auch meinen Fernseher kann ich derzeit nicht benützen.

Nur ein paar Bücher hab ich jetzt bei mir. Aber ich stehe das durch. Ich füge mich. Das hab ich hier gelernt. Solange ich Sie habe, und meine super Therapeutin, werde ich nicht aufgeben!" „Diese Therapeutin scheint Ihnen wirklich sehr gut zu tun", bemerke ich. „Die hat in den zwei Jahren mehr weitergebracht als der vorige in acht Jahren!" Das hat er mir nicht zum ersten Mal erklärt.

So wie er jetzt da vor mir sitzt, tut er mir leid. Mit bald neunzig Hals über Kopf aus dem bisherigen Umfeld herausgerissen und in ein kleines Kämmerchen gesteckt zu werden, ist gewiss nicht einfach. Irgendwo in mir meldet sich gar ein schlechtes Gewissen, weil letztlich ich es ja gewesen bin, die ihm das angetan hat. „Es ist nur ein Übergang. Da müssen wir jetzt durch", versuche ich ihm weiter Mut zu machen. Er nickt: „Ich vertraue Ihnen. Sie werden das schon richtig machen, davon bin ich überzeugt!"

„Das Gefängnis hat halt etwas Militärisches an sich. Waren Sie eigentlich beim Bundesheer?" frage ich ihn. Er schüttelt den Kopf. „Ich wäre fast zu B-Gendarmerie[18] gegangen. Aber da hat mir mein Vater abgeraten. Beim Staat wirst nicht glücklich, hat er mir gesagt. Da hat er Recht gehabt. Mein Vater… Schade, dass ich nie eine Beziehung zu ihm gehabt habe.

---

[18] *Als B-Gendarmerie wurde im besetzten Nachkriegs-Österreich die Vorgängerorganisation des Bundesheeres bezeichnet.*

Ich glaub, da war meine Mutter schuld. Die wollte mich für sich allein. Wie ihr persönliches Eigentum hat sich mich betrachtet. Dabei habe ich immer das Gefühl gehabt, unerwünscht zu sein…"

Plötzlich versagen ihm die Worte. Verschämt wischt er sich eine Träne aus dem Augenwinkel. „Ich hasse es, so schwach zu sein. Wissen Sie, es fühlt sich an wie frösteln." Er blickt eindringlich in meine fragenden Augen, bevor er weiterspricht: „Ich meine, wenn man als Kind nicht geliebt wird, dann fühlt sich das wie frösteln an." Und auch wenn viele sagen, dass Josef F. keine Fähigkeit zur Empathie besitzen würde, dass seine Reue nur gespielt sei: Ich habe in meinen vielen Gesprächen tief in die Seele dieses Menschen geblickt und weiß, dass da eine zutiefst verletzte Seele ist. Der Grundstein für schwere Straftaten wie jene, die er begangen hat, wird immer in der frühen Kindheit gelegt.

„Aber ich hab meine Mama trotzdem lieb", erklärt er mir weiter. „Sie hat nichts Schönes im Leben gehabt, die Arme. Ich denke oft an sie, und wie traurig ihr Leben war. Das tut mir weh." Als ob er sich selbst ein wenig ablenken müsste, wechselt er unvermutet das Thema: „Übrigens muss ich Ihnen noch von etwas Schönem berichten, das mich sehr berührt hat. Für den Fall der Entlassung wird im Stift Ardagger, wo ja mein Papa her war, eine ganze Fußballmannschaft bereitstehen, um mir einen festlichen Empfang zu bereiten. Ich bin so gerührt von diesen lieben Menschen…"

Schade, dass ich nicht länger Zeit habe, er scheint heute jemandem zum Reden zu brauchen. Andererseits wirkt er schon ein wenig müde. „Was machen Sie heute noch?“ frage ich ihn wie so oft zum Abschied. „Jetzt werde ich mir noch einen Kaffee zubereiten und mich dann hinlegen. Es war ja doch sehr anstrengend in den letzten Stunden.“

Ich werde nach Wien fahren und weiterarbeiten. Auch für Josef F. Um unserem endgültigen Ziel näher zu kommen: Josef F. sollte die letzten wenigen Jahre seines Lebens ganz in Freiheit verbringen dürfen.

Barmherzigkeit lautet der Schlüssel zum Seelenfrieden.